Paschmann

Mein Low-Carb-High-Fat-Kochbuch

Was macht man, wenn man 32 Jahre jung ist, sich aber steinalt fühlt, weil man 122 kg wiegt und diverse gesundheitliche Probleme hat? Wenn man gefühlt schon alle auf dem Markt existierenden Diäten probiert hat und es trotzdem immer mehr wird auf der Waage? Man resigniert – oder hat das große Glück, endlich doch noch den Schlüssel zu finden. So ging es der Autorin **Anne Paschmann**, bevor sie im Jahr 2014 ihren Weg zum gelungenen Abnehmen fand – LCHF! In 18 Monaten nahm sie über 50 kg ab – und hält dieses Gewicht. Die studierte Sozialpädagogin lebt mit ihrer Familie in der Nähe von Mönchengladbach. Ihre Erfahrungen mit der Erfolgsmethode LCHF vermittelt sie auf ihrem Blog www.volle-kanne-gesund.de und als eine von 8 Moderatorinnen im Forum der sehr beliebten Website LCHF.de. Auf ihrem Blog stellt die Autorin neben Tipps und Wissenswertem auch viele Rezepte rund um LCHF zur Verfügung.

Anne Paschmann

Mein Low-Carb-High-Fat-Kochbuch

Wie ich mit viel Fett schlank wurde

TRIAS

Liebe Leserinnen und Leser,

verzeihen Sie, wenn ich direkt mit einer so persönlichen Frage starte, aber sind Sie eigentlich fit, energiegeladen, schlank und muskulös – oder schlapp, müde, erschöpft und Ihr Gewicht stört Sie schon lange? Keine Sorge, Sie müssen mir die Frage nicht beantworten. Letztlich betrifft es uns doch alle, egal von welcher Position aus wir starten. Wer möchte nicht sein Leben lang fit sein und bleiben?

Ich jedenfalls sehnte mich viele Jahre meines Erwachsenenlebens genau danach: ein aktives, schlankes Leben zu führen. Lange mühte ich mich vergeblich ab, schob Frust, wurde müder, träger, dicker und immer kränker. Bis ich LCHF fand, über 50 kg Gewicht verlor und von Kleidergröße 54 in angenehme 38–40 schrumpfte. Das Beste allerdings ist meine wiedererlangte Gesundheit!

Das klingt unglaubwürdig und die Fotos sind bestimmt auch nur retuschiert? Ich kann Ihnen versichern: Es ist tatsächlich so geschehen und ich lade Sie ein, selbst den Beweis anzutreten! Nebenbei bemerkt – auch wenn Sie gar keine Kilos zu verlieren haben, können Sie von LCHF profitieren, denn es ist eine rundum gesunde Ernährungsweise.

LCHF steht übrigens für Low Carb High Fat. Der Anteil der Kohlenhydrate in der Nahrung wird gesenkt, während der Fettanteil steigt. Das klingt erst mal kompliziert, ist es aber nicht. Nach ein paar Wochen werden Sie nie wieder anders essen wollen – einfach, weil LCHF schmeckt!

Dieses Buch ist ein sehr persönliches. Viel Herzblut habe ich hineingesteckt, aber letztlich berichte ich nur davon, was ich selbst erlebt und mit großem Erfolg umgesetzt habe. Auch die Theorie hinter LCHF soll nicht zu kurz kommen, schließlich möchte ich Sie von der Wirksamkeit der neuen Ernährung überzeugen. Vor allem aber möchte ich Ihnen die Umstellung erleichtern. Dafür habe ich Ihnen ein paar Tipps für den erfolgreichen Start und eine Sammlung meiner Lieblingsrezepte zusammengestellt.

Ich wünsche Ihnen vollen Genuss auf Ihrem Weg mit LCHF!

Ihre Anne Paschmann

LCHF – mit Genuss in ein schlankes Leben!

Im Theorieteil möchte ich Ihnen meine persönliche Geschichte erzählen, ein paar Hintergründe erklären und natürlich den Grundstein für Ihren erfolgreichen Start der Ernährungsumstellung legen. Schön, dass Sie dabei sind!

Wenn das Leben Kurven schreibt

Das kleine Mädchen da, das bin ich. Damals war ich weder besonders dünn noch besonders dick. Das blieb noch eine Weile so, allerdings wurde es deutlich kurviger, und das lag nicht nur an der Pubertät. Ich wusste es noch nicht, aber damals begann das Lipödem. Bei schlankem Oberkörper wurde ich ab Bauchnabel abwärts immer kräftiger, nahm weiter zu, wurde immer frustrierter und dicker. Bis ich meine Ernährung vollständig umgestellt und über 50 kg Gewicht verloren habe. Jetzt schreibt das Leben immer noch Kurven, aber ich fühle mich wieder wohl dabei!

« Anne als normalgewichtige 6-jährige

Im Januar 2015 auf dem Weg in ein schlankeres Leben

Mit 19 Jahren ist das Lipödem bereits sichtbar

Höchstgewicht im Sommer 2013: 122 kg

Nach über 50 kg Abnahme wieder gesund und fit

Meine persönliche Geschichte

Mit Essen verbindet mich eine lange Liebe. Schon als Zweijährige prägte ich den Spruch: »Erst essen, dann teita (spazieren) geh'n«. Die Reihenfolge war also schon damals klar: körperliche Ertüchtigung? Kein Problem, aber doch bitte nur mit einer vernünftigen Grundlage im Bauch!

Als Kind hatte ich keine Probleme mit dem Gewicht, ich war einfach normaler Durchschnitt. Während der Pubertät blieb mein Oberkörper weitestgehend schlank, dafür wurde ich vom Bauchnabel abwärts immer breiter. Damals machte ich mir noch keine Gedanken darüber, ich nahm es einfach so hin. Weibliche Rundungen sind ja nun nicht per se etwas Schlechtes.

Die Kilos schleichen sich an

Nach dem Fachabitur zog ich für die Ausbildung zur Einzelhandelskauffrau in eine andere Stadt, weit weg von zu Hause. Mit der sitzenden Tätigkeit und fernab von Mutters gesunder Küche kamen die Kilos schneller, als mir lieb war, jedoch hielt sich das Gewicht noch im moderaten Rahmen. Zu meiner Hochzeit im Jahr 2002, ich wurde gerade 21, hatte ich immerhin noch Normalgewicht. Dabei blieb es jedoch nicht lange. Mein Mann und ich waren beide Vollzeit berufstätig, teilten uns den Haushalt, hatten oft Gäste oder waren unterwegs – stets mangelte es an Zeit und Motivation, vernünftig und ausgewogen zu kochen. Schnell gewöhnten wir uns an ein ungesundes Essverhalten. Wir aßen gern Fast Food und entdeckten die Welt der Fertigtütchen für uns. Dass das nicht lange gut gehen konnte, versteht sich von selbst. Ich explodierte förmlich. Innerhalb von nur zwei Jahren nach meiner Hochzeit legte ich bereits mehr als 20 kg zu! Auch meine Körperproportionen veränderten sich stark zu meinen Ungunsten – zwischen Oberteilen und Hosen/Röcken lagen inzwischen zwei Konfektionsgrößen.

So startete ich die erste Diät, gefolgt von der zweiten, dritten, vierten ... Ich nahm ab, ja, aber überwiegend am Oberkörper. Im Gesicht wurde ich regelmäßig ganz schmal, während sich an den Beinen kaum etwas tat. Gefrustet gab ich jede Diät nach einer Weile auf und kehrte zu alten Essgewohnheiten zurück, was die heruntergehungerten Kilos mitsamt ein paar Extrakilos im Nu zurückbrachte. Dennoch gelang es mir durch fortwährende Diäten, zumindest die 100-kg-Schallgrenze nicht zu durchbrechen.

Das Jahr 2007 stellte unser Leben auf den Kopf. Durch die Übernahme der Pflege von Angehörigen, die emotionale Auseinandersetzung mit unserer ungewollten Kinderlosigkeit und mein berufsbegleitendes Studium (ich studierte in Teilzeit Sozialpädagogik und arbeitete zusätzlich in einer Kinder- und Jugendhilfeeinrichtung) war ich maximal gestresst. Im Studium wollte ich Bestleistungen bringen, zu Hause versuchte ich allem und jedem gerecht zu werden und mehr als einmal verfolgten mich die beruflichen Erlebnisse bis in meine Träume. Ich begann zu essen. Essen gegen Stress, Essen als Belohnung, Essen zur Beruhigung. Nur Essen aus Langeweile gab es bei mir nicht.

Endstation Adipositas Grad III

Irgendwann war es so weit. Ich musste den Tatsachen ins Auge sehen und zugeben, dass etwas gründlich schiefgelaufen war. Mit rund 120 kg Gewicht bei 1,63 m Körpergröße war das Leben kein Spaß mehr. Heftige Schmerzen quälten mich, morgens brauchte ich lange, um überhaupt auf den Beinen sein zu können. Mit Mühe kam ich die Treppen rauf und runter. Morgens um 10 hätte ich mich am liebsten schon wieder unter meiner Decke verkrochen. Ich fühlte mich unattraktiv, hässlich, als totale Versagerin. Wie konnte es so weit kommen, mich derart gehen zu lassen und eine solche Körperfülle anzunehmen? »Dick = Doof« war der Stempel, den ich mir selbst verpasste. Ich war meist gereizt, nicht belastbar und oft den Tränen näher als dem Lachen.

Daneben die Peinlichkeiten, die der Alltag so bereithält, wenn man mit einem BMI von 45 adipös durchs Leben geht. Im Bus setzte sich mangels Platz niemand mehr neben mich. Im Café hatte ich Angst, zwischen den Armlehnen des Stuhls stecken zu bleiben. In Aufzügen zählte ich beklommen die Personen und fragte mich, ob wohl bei der Berechnung der Personenzahl im Verhältnis zur Traglast auch Übergewichtige wie mich berücksichtigt waren. Daneben gab es viele sicherlich nett gemeinte Ratschläge von außen – zu den neuesten Diäten oder wie ich mich »einfach mal disziplinieren« könnte. Von völlig Fremden kamen abfällige Bemerkungen, die ich zu überhören mich bemühte. Doch manche Verletzungen saßen tief und ich kapselte mich immer mehr ab. »Ich werde es überleben« war mein Standardspruch zu dieser Zeit. Ja, ÜBERleben schon, aber wann würde ich wieder LEBEN?

Natürlich versuchte ich immer noch abzunehmen. Unnötig zu sagen, dass es nicht gelang. Meine Mutter lag mir seit Längerem in den Ohren, doch mal einen naturheilkundlichen Arzt aufzusuchen, mit dem sie selbst gute Erfahrungen gemacht hatte. Ich wollte nicht. Bis ich eine Gürtelrose bekam.

Der Ausschlag ging, die Schmerzen blieben. Anderthalb lange Jahre permanenter Schmerzen brachten mich derart an den Rand der Verzweiflung, dass ich mir bei besagtem Arzt einen Termin geben ließ. Begünstigt wurde die Entscheidung dadurch, dass ich mich von meinem Hausarzt im Stich gelassen fühlte. Er versorgte mich zwar treu mit Schmerzmitteln, bot mir auch eine Gesprächstherapie und eine Reha an, hatte inzwischen aber nur noch eine Diagnose für mich: psychosomatische Beschwerden. Ich wehrte mich mit Händen und Füßen gegen diese Diagnose. Gleichzeitig stieg mein Bedarf an Schmerzmitteln, ohne je wirklich schmerzfrei zu sein. Die Situation belastete nicht nur mich, sondern auch meine Familie zunehmend.

Der Wendepunkt

Nun saß ich also in der Praxis des Naturheilkundlers. Ein durchtrainierter, äußerst schlanker und junger Mediziner betrat das Zimmer. »Das soll mit mir was werden«, dachte ich. »So schlank, wie der ist, sagt er doch als Erstes, ich soll abnehmen, dann verschwinden die Schmerzen schon von allein … So einer hat doch keine Ahnung, was es bedeutet, dick zu sein, und wie sehr ich mich schon bemüht habe!« Nun, ganz falsch lag ich mit meinem Vorurteil nicht. Natürlich wollte auch er, dass ich abnehme. Mit einem entscheidenden Unterschied: Er half mir vom ersten Moment an dabei.

Zunächst erzählte er mir etwas über Ernährung. Ich solle Getreide und Zucker weglassen und Kokosöl in den Kaffee rühren. Ganz ehrlich? Ich saß da und sagte keinen Ton, aber innerlich diskutierte ich rege mit ihm über seine absurd klingenden Vorschläge. Trotzdem spürte ich so etwas wie Hoffnung in mir aufkeimen und wagte den Versuch. Zunächst verbannte ich nur das Getreide aus unserem Haushalt, aber ich setzte noch auf allerhand glutenfreie Ersatzprodukte. So ganz war ich noch nicht von der Low-Carb-Idee angetan.

Zwischenzeitlich wurde ich hormonell eingestellt. Die Schilddrüsenwerte waren nicht gut, ich hatte eine Unterfunktion. Auch andere Hormone waren aus dem Tritt gekommen, abgesehen von einem hohen Entzündungswert (CRP), der zu seinen Spitzenzeiten 5-mal so hoch war wie der oberste Referenzwert. Ich bekam naturidentisches Östrogen, Testosteron und DHEA. Nach nur 3 Monaten Hormonbehandlung und dem konsequenten Verzicht auf Gluten war ich völlig schmerzfrei und die Entzündungswerte begannen zu sinken! Sie können sich meine Erleichterung sicherlich vorstellen. Ich habe geweint vor Glück, als ich die noch halb volle Schachtel Schmerzmittel entsorgen konnte.

Die ersten 10 Kilo verschwanden. Ich war verblüfft, denn dieser Gewichtsverlust passierte mehr oder minder nebenbei und ich fasste neuen Mut. Zunehmend Probleme bereiteten mir jedoch meine Beine. Bei wärmeren Temperaturen schmerzten sie und blaue Flecke, für die ich keine Erklärung hatte, plagten mich. Ich dachte, Kompressionsstrümpfe könnten Linderung verschaffen, und ging in ein Sanitätshaus. Die freundliche Dame dort gab dem Problem mit einem einzigen geschulten Blick auf meine Beine einen Namen: Lipödem. Später bestätigte eine Gefäßchirurgin den Verdacht und diagnostizierte ein Lipödem Grad II.

Diagnose Lipödem

Ein Lipödem ist eine krankhafte Fettverteilungsstörung an den Beinen, oft auch an den Armen, und betrifft fast ausschließlich Frauen. Die Krankheit ist stärker verbreitet, als sie bekannt ist, tatsächlich leiden etwa 10 % aller Frauen in Deutschland daran. Aber nur wenige Ärzte kennen sich damit aus. Ein Jammer für alle Betroffenen, denn sie leiden nicht selten massiv darunter.

Es heißt, ein Lipödem sei genetisch bedingt nicht heilbar und den Patientinnen sei es nicht möglich, an den Beinen oder sonst betroffenen Körperteilen abzunehmen. Das passte zu meinen bisherigen Diäterfahrungen. Immerhin hatte ich doch öfter erfolgreich abgenommen, aber nie an den Beinen. Trotzdem erregte diese pauschale Aussage über die Heilungschancen meinen Widerspruchsgeist und ich machte mich auf die Suche. Im Internet stieß ich auf die Erklärung, dass oft Entzündungen hinter dem Lipödem stecken. Auch das passte zu mir. Um die Entzündungen in den Griff zu bekommen, wurde eine antientzündliche Ernährung empfohlen. Das beinhaltet den Verzicht auf Milchprodukte, Getreide jeder Art, Eier, Hefe, Alkohol und natürlich Zucker. Ich investierte viel Zeit in die Recherche und begann dann, meine Ernährung konsequent umzustellen. Im Februar 2014 startete ich die neue Ernährung mit einem Gewicht von 112 kg und verlor innerhalb der ersten 30 Tage bereits knapp 6 kg! Ich konnte mein Glück kaum fassen und blieb dran. Im Mai desselben Jahres fand ich das Forum von LCHF.de (LCHF.de/forum) und fühlte mich wie zu Hause angekommen. Hier gibt es viele Gleichgesinnte, viele mit ähnlichen Erfahrungen und Erlebnissen. Seitdem bin ich bei meiner kohlenhydratarmen, dafür fettreichen Ernährung (LCHF) geblieben. Insgesamt habe ich über 50 kg Gewicht verloren. Die Kleidergröße 54 habe ich längst hinter mir gelassen, inzwischen trage ich 38–40 und das sogar in Hosen und Röcken – jawohl, trotz Lipödem! Einen deutlicheren Beweis für den Erfolg dieser Ernährung kann es aus meiner Sicht nicht geben.

Viel mehr als nur die Zahl auf der Waage

Natürlich ist der Gewichtsverlust enorm. Viel mehr wiegt für mich jedoch die Lebensqualität, die ich dazugewonnen habe. Sie erinnern sich an die Beschreibung, wie ich mich zu den Zeiten meines Höchstgewichts fühlte? Wie anders ist mein Leben heute! Ich kann mich schmerzfrei bewegen, schlafe wieder gut, bin weitaus gelassener und belastbarer geworden. Natürlich gehörte dazu ein bisschen mehr als »nur« eine Ernährungsumstellung. Aber die Ernährung, der damit einhergehende Gewichtsverlust und die verbesserte Gesundheit haben den Löwenanteil daran.

Sie sind neugierig geworden, was es mit dieser Ernährung auf sich hat? Sie kämpfen selbst seit Jahren mit ihrem Gewicht und sind gefrustet darüber, dass Sie nur mäßig erfolgreich sind?

Dann lade ich Sie herzlich ein, die folgenden Seiten zu lesen und in den Rezepten zu stöbern. Ich will versuchen, Ihnen LCHF ein wenig näherzubringen. Ich möchte Sie mitnehmen und ein wenig begleiten bei Ihren ersten Schritten mit Ihrer neuen Ernährung. Ich weiß, wie Sie sich fühlen, ich habe es selbst erlebt! Haben Sie Mut – wenn ich es geschafft habe, schaffen Sie es auch!

Wir sind, was wir essen

Wer wünscht es sich nicht, gesund alt zu werden? Wie wir uns ernähren hat nicht nur Einfluss auf unser Gewicht, sondern auf unser gesamtes körperliches Wohlbefinden und unsere Gesundheit.

Bis ins hohe Alter geistig und körperlich fit zu bleiben dürfte der Traum vieler Menschen sein. Doch die berechtigte Angst vor altersbedingten Krankheiten sitzt uns im Nacken. Das Schreckgespenst unserer Zeit, das metabolische Syndrom mit all seinen Folgeerkrankungen, klopft bei immer mehr Menschen in immer jüngerem Alter an die Tür.

Das metabolische Syndrom

Übergewicht, Bluthochdruck, Insulinresistenz und ein gestörter Fettstoffwechsel sind die Symptome, die unter dem Begriff »metabolisches Syndrom« zusammengefasst werden. Sie bilden den optimalen Nährboden für weitere Erkrankungen wie Diabetes, Herzinfarkt und Krebs. Dabei gilt: Je mehr Faktoren zusammenkommen, umso größer ist das Risiko einer Folgeerkrankung. Ein Blick auf die Statistik ist alarmierend, denn jeder zweite Erwachsene in Deutschland trägt mindestens einen Risikofaktor mit sich herum: Übergewicht! Dabei ist es manchmal nicht nur das äußerlich sichtbare Übergewicht – auch schlanke Menschen können durch eine schlechte Verteilung von Muskel- zu Fettanteil zur Risikogruppe der Übergewichtigen gehören. Stichwort »skinny fat«, also schlank und doch fett.

Schon in den 1950er-Jahren, als Herzinfarkte häufiger wurden, suchte man nach Ursachen und glaubte, im Nahrungsfett den Schuldigen gefunden zu haben. Ein Trugschluss, der sich fatalerweise bis heute hält. Trotz eindeutiger Studienlage, die das Fett, inkl. der gesättigten Fette, freispricht, sitzt die Angst vor Fett tief in unseren Köpfen.

Fettphobie und ihre Folgen

Doch wohin hat uns die Fettphobie geführt? Sind wir gesünder, schlanker und weniger anfällig für Herzinfarkte geworden? Statistiken sprechen eine andere Sprache. Herz-Kreislauf-Erkrankungen sind die am

häufigsten diagnostizierten Krankheiten und Todesursache Nr. 1 und die Zahl der Übergewichtigen wächst stetig. Leider geht es vielen Menschen wie mir – das, was allgemein als Königsweg zu mehr Gesundheit empfohlen wird, half bei mir nicht nur nicht, es verschärfte mein Problem. Welche Alternative haben wir? Mein (und der vieler anderer) Weg raus aus den Problemen war und ist LCHF. Was hat es nun mit diesem LCHF auf sich? Warum sind viele Menschen so erfolgreich mit dieser Art von Ernährung? Dafür müssen wir uns zunächst ein paar grundsätzliche physiologische Zusammenhänge anschauen.

Glukose und Insulin – der normale Weg der Energieversorgung

Nehmen wir eine »normale« Mahlzeit, bestehend aus einer Portion Kartoffeln, etwas magerem Fleisch in wenig Fett zubereitet, zum Dessert einen gezuckerten Kaffee und einen Keks. Die Nahrung wird im Verdauungstrakt in ihre Bestandteile zerlegt. Besonders anschauen wollen wir uns die Kohlenhydrate aus den Kartoffeln (darin als Stärke enthalten) sowie die in Kaffee und Plätzchen in Form von Zucker. Kohlenhydrate werden in Einfachzucker (Glukose) zerlegt und ins Blut abgegeben. Dort erhöhen sie den Blutzuckerspiegel und warten auf ihren weiteren Einsatz. Geweckt durch den höheren Blutzuckerspiegel beginnt die Bauchspeicheldrüse schnell (dauert nur wenige Minuten!) mit der Produktion des Hormons Insulin.

Das Insulin soll den überwiegenden Teil des Blutzuckers an seine Zielorte bringen, nämlich in Leber und Muskulatur. Insulin dockt an die entsprechenden Rezeptoren an den Zellen an und ermöglicht so der Glukose den Eintritt. In den Zellen von Leber und Muskulatur wird die Glukose entweder direkt zur Energieversorgung weitergegeben oder in Glykogen umgewandelt und für später gespeichert. Sobald die Zellen in Leber und Muskulatur gefüllt sind, wird aller Überschuss in die Fettzellen ausgelagert (daher nennt man Insulin auch »fettspeicherndes Hormon«). Von den Fettzellen aus wird die Energie später wieder bereitgestellt, und zwar mithilfe von Glukagon, dem Gegenspieler des Insulins. Glukagon ist ebenfalls ein in der Bauchspeicheldrüse produziertes Hormon und mit seiner Hilfe werden also die Energiespeicher angezapft – zum einen die in Leber und Muskulatur, zum anderen die Energie, die in unseren Fettspeichern steckt. Aus dem Fettgewebe bildet die Leber sogenannte Ketone (Seite 26), die dafür sorgen, dass alle Zellen mit Energie versorgt werden. Die Fettverbrennung kommt in Gang.

Insulinresistenz

Sie nehmen vor allem am Bauch immer mehr zu? Obwohl Sie sich fettarm und kalorienreduziert ernähren, nehmen Sie nicht ab? Grund dafür könnte eine Insulinresistenz sein.

Die Sache mit dem Heißhunger

Neben der Bereitstellung von Energie hat die Konzentration des Blutzuckerspiegels noch einen anderen Effekt auf uns – den bei vielen wohlbekannten Heißhunger. Nach einer kohlenhydratreichen Mahlzeit, die überwiegend aus »leeren« Kohlenhydraten wie Weißmehl und Zucker besteht, steigt der Blutzuckerspiegel sehr hoch und fällt kurze Zeit später rasant ab, oft unter das vorherige Niveau. Heißhunger meldet sich; wir haben das Gefühl, schnellstmöglich Nachschub zu benötigen, und essen erneut, ohne dass es physiologisch nötig wäre. Das führt bei einem Überangebot an Nahrung zwangsläufig auch zu einer Überernährung mit allen bekannten negativen Folgen. Mit einer kohlenhydratarmen Ernährung steigt der Blutzuckerspiegel langsam an, Heißhunger wird vermieden. Die Insulinausschüttung bleibt im normalen Rahmen und einer gesunden Fettverbrennung steht nichts mehr im Wege.

Rundherum ist Insulin ein lebenswichtiges und spannendes Hormon; daher nimmt es sich auch die Freiheit heraus, in dem Drama »Fettsucht« die Hauptrolle zu spielen ... Der Bösewicht hat dann einen Namen: pathologische Insulinresistenz, mit der wir uns nun näher beschäftigen werden.

Auf den vorigen Seiten haben wir gesehen, wie die Energiegewinnung aus Stärke und Zucker funktioniert. Wir nehmen Nahrung auf, die im Verdauungstrakt zerlegt wird. Stärke und Zucker werden in Glukose (Traubenzucker) zerlegt und ins Blut abgegeben. Der Blutzuckerspiegel steigt, und um ihn zu senken, wird Insulin ausgeschüttet. Im Normalfall dockt das Insulin an die entsprechenden Rezeptoren an den Zellen von Leber und Muskulatur an und schleust so die Glukose (sowie Aminosäuren und Fette) in die Zellen, wo sie dann entweder direkt verwertet oder für später in Form von Glykogen im Fettgewebe gespeichert werden. Solange Insulin im Blut ist, findet jedoch kein Fettabbau statt!

Der Blutzuckerspiegel sinkt und in Folge auch das Insulin. Damit sind die Tore der Fettspeicher wieder geöffnet und das gespeicherte Glykogen kann zur Energiegewinnung herangezogen werden. Was aber passiert, wenn der Weg des Insulins gestört wird? Was, wenn der

Insulinspiegel dauerhaft erhöht ist? Sie ahnen es schon – der Fettabbau wird eingeschränkt. Wie kommt es dazu?

Krankhafte Insulinresistenz

Aus Gründen, die wir uns noch ansehen werden, werden die Zellen in Leber und Muskulatur krankhaft insulinresistent gestellt. Das bedeutet, dass die Zellen nicht mehr empfindlich genug auf das Insulin reagieren und entsprechend auch die im Blut zirkulierende Glukose nicht mehr so schnell aufnehmen. Nach einer Mahlzeit steigt also der Blutzuckerspiegel und die Produktion von Insulin kommt in Gang. Das Insulin kann aber nicht andocken, der Blutzuckerspiegel steigt weiter. Daraufhin bemüht sich die Bauchspeicheldrüse umso mehr, Insulin ins Blut zu pumpen, denn der Blutzucker muss sinken. Solange der Mensch noch kein Diabetiker ist, ist die Insulinkonzentration irgendwann so hoch, dass die Zellen sich doch noch öffnen. Erst dann tritt Erleichterung ein, der Blutzucker sinkt und in Folge auch das Insulin.

Nun könnte man sagen, dass doch alles okay ist, wenn die Zellen letztlich doch noch aufs Insulin hören und der Blutzuckerspiegel wieder sinkt. Ein ständig erhöhter Insulinspiegel aufgrund einer Insulinresistenz ist jedoch offenbar nicht unproblematisch. Denn Insulinresistenz gehört mit zum gefürchteten Quartett des metabolischen Syndroms – das ist eine Zusammenfassung von 4 Risikofaktoren (Insulinresistenz, Fettleibigkeit, Bluthochdruck und Fettstoffwechselstörung), die die Grundlage fast aller unserer Zivilisationserkrankungen bilden. Einem Diabetes mellitus Typ II geht immer eine Insulinresistenz voraus (wobei nicht jede Insulinresistenz in einen Diabetes mündet). Die Bauchspeicheldrüse wird über die Jahre erschöpft, bis sie irgendwann ganz den Dienst quittiert.

Ein dauerhaft erhöhter Insulinspiegel verringert nicht nur den Fettabbau und kann zu Diabetes führen, er ist auch beteiligt an der Entstehung von Bluthochdruck und erhöhten Blutfettwerten (Cholesterin bzw. die Triglyceride verschlechtern sich). Das LDL-Cholesterin verändert sich negativ, es wird klein, verdichtet sich und verstopft so die Gefäßwände – die gefürchtete Arteriosklerose, aus der ein Herzinfarkt entstehen kann, rückt näher. Durch eine Insulinresistenz erhöht sich die Konzentration von Harnsäure, was wiederum zu Gicht führen kann. Auch Entzündungsreaktionen sind Folge eines erhöhten Insulinspiegels, weil gerade das sehr aktive und insulinempfindliche Bauchfett Entzündungen triggert. Entzündungen im Körper sind wiederum die Basis, der Nährboden, für viele Krankheiten – Insulin spielt also tatsächlich eine bedeutende Rolle, wenn es um das Thema Gesundheit geht.

Leptin: Ein weiterer Mitspieler stellt sich vor

Neben dem Hormon Insulin gibt es noch ein weiteres sehr spannendes Hormon: Leptin. Leptin sendet ein Signal, das vom Fettgewebe ausgeht und unseren Energiehaushalt steuert. Sind die Fettzellen gut gefüllt, steigt der Leptinspiegel und im Gehirn wird die Meldung ausgegeben, dass es um die Energieversorgung bestens steht. Das führt zu Lust auf Bewegung, Sättigungsgefühl und allgemeinem Wohlbefinden. Sind die Fettzellen leer, geht die gegenteilige Meldung vom Gehirn aus: Die Lust an Bewegung sinkt, Hunger kommt auf und der Mensch fühlt sich unwohl.

Nun sollte man meinen, dass ein Übergewichtiger einen hohen Leptinspiegel hat und infolgedessen doch große Lust an Bewegung bekommt, keinen Hunger hat und sich rundum wohlfühlt. Fragen Sie einen Übergewichtigen und er wird sie mit einem müden Lächeln bedenken. Sie werden hören, dass das Gegenteil der Fall ist. Prof. Robert Lustig hat herausgefunden, dass bei Fettleibigkeit häufig das Leptin nicht mehr vom Gehirn erkannt wird. Es könnte genauso gut nicht da sein, was zur Folge hat, dass vom Gehirn das Signal einer Hungersnot ausgegeben wird. Kein Leptin – also müssen die Fettspeicher leer sein – das bedeutet Gefahr in Verzug. Der Energieverbrauch wird durch Bewegungsunlust gesenkt, der Hunger treibt zur Nahrungssuche an und das allgemeine Unwohlsein verstärkt den Appetit.

Ein fataler Kreislauf! Denn was passiert, wenn ein Übergewichtiger noch mehr isst und sich noch weniger bewegt, das weiß jedes Kind. Und wissen Sie, was zur Leptinresistenz führt? Unnatürlich viel Insulin im Blut aufgrund einer Insulinresistenz! Hier schließt sich der negative Kreis. Wer einmal in diesen Strudel geraten ist, ist oft hilflos, fühlt sich ausgeliefert und machtlos. Mit purer Disziplin und dem Spruch »Iss weniger und beweg dich mehr« ist da nichts zu machen. Gegen die Hormone kommt man nicht so leicht an, jedenfalls nicht mit dem alten Modell »weniger Kalorien rein als raus = Gewichtsabnahme«.

Sie ahnen vermutlich inzwischen, warum ich die Insulinresistenz als den Bösewicht im Drama Fettsucht bezeichnet habe. Und Sie fragen sich vielleicht, ob Sie von einer Insulinresistenz betroffen sein könnten, wie sie überhaupt entstanden ist und was Sie dagegen tun können.

Erste Indikatoren für eine Insulinresistenz sind Übergewicht, Bluthochdruck, schlechte Blutfettwerte (insbesondere Triglyceride), ständige Müdigkeit und Hunger, schlechte Abnahme. Klarheit bekommt man dann über eine Blutuntersuchung beim Arzt, der zum einen den Nüchternblutzucker betrachtet, zum anderen einen Glukosebelastungstest veranlassen kann.

Woher kommt eine Insulinresistenz?

Insulinresistenz entsteht, vereinfacht gesagt, durch Stress, Bewegungsmangel, Überernährung und Schlafmangel. Das dürfte den meisten sehr vertraut sein, sind es doch die Merkmale unseres modernen Lebensstils. Maßgeblich beteiligt an der Entstehung einer Insulinresistenz ist jedoch auch die Verfettung der Leber, die sogenannte nichtalkoholische Fettleber.

Um das zu verstehen, müssen wir uns einen weiteren Mitspieler aus dem Bereich der Kohlenhydrate ansehen: den Fruchtzucker, der reichlich in Obst und Haushaltszucker enthalten ist. Das besondere an Fruchtzucker ist, dass er kein Insulin braucht, um von der Leber aufgenommen zu werden. Würden wir nur hin und wieder ein Stück Obst essen und hätten ansonsten keinen Zucker, wäre das für unsere Leber kein Problem. Problematisch wird es durch den übermäßigen Zuckerkonsum. Das Überangebot von Zucker wird in Fett umgewandelt, die Leber verfettet zusehends und kann auf ihre doppelte Größe anschwellen. Eine Insulinresistenz ist die Folge und für die Leber selbst droht schlimmstenfalls eine Leberzirrhose.

Fassen wir noch einmal zusammen, bevor wir uns im Folgenden um den Weg aus der Insulinresistenz kümmern:

Insulinresistenz entsteht durch Stress, Bewegungsmangel, Überernährung, Schlafmangel und eine nichtalkoholische Fettlebererkrankung begünstigt Fettleibigkeit, Bluthochdruck, Fettstoffwechselstörungen und ist die Basis für viele unserer Zivilisationskrankheiten.

Schlafmangel und seine Folgen

Nicht zu unterschätzen ist ein weiterer Aspekt, der uns in verschiedenen Phasen unseres Lebens betreffen kann: Schlafmangel oder zumindest ein schlechter Schlaf. Dabei müssen es nicht einmal Kummer und Sorgen sein, die uns bisweilen den Schlaf rauben – oft sind es die Bildschirme aller Art, die uns wachhalten oder uns daran hindern, in den erholsamen Tiefschlaf zu kommen. Was haben Bildschirme mit Insulinresistenz und gar mit Übergewicht zu tun? Mehr, als man auf den ersten Blick denkt! Neuere Studien an gesunden, jungen Menschen haben Erstaunliches zu Tage gebracht. Die Probanden wurden in unterschiedliche Gruppen eingeteilt, man ließ sie unterschiedlich lang schlafen und untersuchte im Anschluss ihre Blutwerte und ihr Essverhalten. Diejenigen unter ihnen, die nur wenige Stunden schlafen durften, hatten bereits nach einer schlechten Nacht eine erhöhte Insulinresistenz! Zudem konsumierten sie am Tag darauf deutlich mehr Nahrung als an Tagen, an denen sie ausgeschlafen waren. Die Folge? Übergewicht. Der Zusammenhang zwischen Diabetes und Übergewicht zu Schlafmangel gilt unter Fachleuten als belegt.

Was können wir nun tun, um besser zu schlafen, unser Risiko für Insulinresistenz zu senken und Übergewicht entgegenzuwirken? Damit wären wir beim Thema »Schlafhygiene«, das ein eigenes Kapitel wert wäre. Hier reicht es leider nur für ein paar Tipps, aber ich lege Ihnen ans Herz, sich einmal weitergehend mit diesem Thema auseinanderzusetzen – es bleibt spannend!

Beginnen wir mit dem Naheliegendsten zuerst: Gehen Sie so zeitig zu Bett, dass zumindest theoretisch 7–8 Stunden Schlaf möglich sind. Sorgen Sie schon tagsüber dafür, dass Sie gut schlafen können – gehen Sie beispielsweise so viel wie möglich nach draußen. Tageslicht hilft, das für die Nacht so wichtige Melantonin bereitzustellen. Der hohe Blauchlichtanteil im Tageslicht macht uns wach und munter. Das birgt jedoch gleichzeitig eine Gefahr, und damit schließt sich der Kreis zu den eingangs erwähnten Bildschirmen: Die meisten Bildschirme von TV, Laptop und Smartphone strahlen einen hohen Blaulichtanteil aus. Wer es sich angewöhnt hat, auch noch im Schlafzimmer auf das Display seines Handys zu schauen, tut sich keinen Gefallen. Der Lichtanteil macht uns munter, das Ein- und Durchschlafen wird erschwert. Nach Möglichkeit sollten Sie 1 Stunde vor dem Zubettgehen alle Bildschirme ausschalten oder zumindest einen Blaulichtfilter, wie ihn einige Apps oder moderne Geräte auch standardmäßig anbieten, nutzen. Schlafen Sie gut!

Fassen wir noch einmal zusammen, bevor wir uns im Folgenden um den Weg aus der Insulinresistenz kümmern:

Insulinresistenz
- entsteht durch Stress, Bewegungsmangel, Überernährung, Schlafmangel und eine nichtalkoholische Fettlebererkrankung
- begünstigt Fettleibigkeit, Bluthochdruck, Fettstoffwechselstörungen und ist die Basis für viele unserer Zivilisationskrankheiten.

LCHF – eine Ernährungsform mit Potenzial

Low Carb allein ist zwar schon eine gute Sache, macht jedoch nicht wirklich zufrieden, satt und gesund. Denn was fehlt sind die gesunden Fette. Die Kombination macht es perfekt: wenig Kohlenhydrate und gesundes Fett!

Vielleicht sind Sie jetzt etwas deprimiert, weil Sie sich, so wie ich damals, in dem Insulindilemma gefangen sehen. Vielleicht haben Sie aber auch gerade so etwas wie ein Aha-Erlebnis. Sie erkennen, dass es nicht an mangelnder Disziplin, Faulheit oder sonstigen Charakterschwächen liegt, dass bisher jeder Ihrer Versuche abzunehmen gescheitert ist. Im Gegenteil! Wer sich als Insulinresistenter schon einmal über einen längeren Zeitraum einer Diät durch Kalorienreduktion gestellt hat, ist alles andere als disziplinlos!

Und jetzt?

Hören Sie auf, sich quälende Vorwürfe zu machen. Nutzen Sie lieber die Motivation, etwas anders machen zu wollen. Und dass Sie etwas ändern wollen, beweist schon die Tatsache, dass Sie sich für dieses Buch interessieren. Arbeiten Sie von jetzt an mit Ihrem Körper zusammen.

Möglich, dass Sie sich auch gar nicht in den bisherigen Themen wiedererkennen. Dann gratuliere ich Ihnen! Vielleicht mögen Sie trotzdem weiterlesen und sich von LCHF überzeugen lassen? Denn auch wenn ich hier so viel vom Abnehmen rede, ist LCHF in seinem ursprünglichen Gedanken eine gesunde Ernährung, die präventiv unseren Zivilisationskrankheiten etwas entgegenzusetzen hat. Und daher auch für alle, die gesund bleiben (und nicht erst werden wollen), eine gute Wahl!

Wir haben in den vorherigen Kapiteln gesehen, dass der Insulinspiegel vom Blutzuckerspiegel entscheidend beeinflusst wird. Der Blutzuckerspiegel seinerseits wird dirigiert von dem, was wir essen. Essen wir Stärke und Zucker, kommt viel Glukose in den Blutkreislauf. Besonders Weißmehlprodukte wie Gebäck, Brötchen und helles Brot sowie Süßigkeiten und stärkehaltige Lebensmittel wie Nudeln, Reis und Kartoffeln erhöhen den Blutzuckerspiegel rasant. Dagegen beeinflussen Fett und Eiweiß den Blutzu-

cker nur wenig, auch die Kohlenhydrate aus Gemüse stellen kein ernst zu nehmendes Problem dar. Kurze Zeit nach dem Essen erreicht der Blutzuckerspiegel seinen Höhepunkt – und fällt dann in einer steilen Kurve ab, bis er schließlich unter das vorherige Niveau sinkt. Damit keine Unterzuckerung eintritt, meldet das Gehirn erneuten Bedarf und sie bekommen nur wenige Stunden nach der letzten Mahlzeit wieder quälenden Hunger und essen erneut. Das Fatale: Jede kohlenhydratreiche Mahlzeit, und sei sie noch so klein, hebt den Blutzuckerspiegel und damit auch den Insulinspiegel an.

Es gibt zwei Auswege aus der Situation. Entweder Sie hören ganz auf zu essen und fasten. Prinzipiell gar keine so schlechte Idee, aber wohl nicht dauerhaft praktikabel. Oder Sie wählen Lebensmittel, die den Blutzucker nur wenig beeinflussen und in Folge auch keine hohe Insulinantwort provozieren.

Es liegt auf der Hand, dass das nur durch eine Reduktion der Kohlenhydrate funktioniert, auch Low-Carb-Methode genannt. Wenn Sie gerade zum ersten Mal vom Low-Carb-Gedanken hören, schrillt vielleicht eine Alarmglocke in Ihnen. Ich kann Ihnen versichern: Meine schrillte in den schlimmsten Tönen! Ich war mehr als irritiert von dem Gedanken, ausgerechnet auf Kohlenhydrate verzichten zu sollen – immerhin wurde mir das doch jahrelang empfohlen! »Reduziere Fett, denn es ist schädlich für dich. Iss dich an Nudeln satt.« Das war der Refrain des immer gleichen Liedes aller Ernährungsspezialisten, die ich im Laufe der Jahre aufgesucht hatte. Aber als ich die Zusammenhänge erkannte, wurde es logisch und damit machbar.

Wie funktioniert die Low-Carb-High-Fat-Ernährung?

Vereinfacht gesagt: Streichen Sie alle stärke- und zuckerhaltigen Lebensmittel aus Ihrer Ernährung und erhöhen Sie den Fettanteil. Dabei darf das Fett auch gern aus tierischen Produkten stammen – also fettes Fleisch, fetter Fisch und vollfette Milchprodukte. Zu jeder Mahlzeit greifen Sie bei kohlenhydratarmen Gemüse ordentlich zu.

Und wie viel von allem? Wenn Sie Ihren Teller vor sich haben, dann befüllen Sie ihn etwa zur Hälfte mit Gemüse. Fügen Sie ein Stück Eiweiß (Fleisch, Fisch, Ei oder auch mal ein schönes Stück Käse, etwas vollfetten Quark) hinzu, das in etwa so groß ist wie Ihre Handfläche. Je nach Fettgehalt der Proteinquelle bedienen Sie sich noch an einem Stück Butter, einer fettreichen Soße oder einem Schuss Olivenöl. Wir werden uns das im nächsten Kapitel noch im Detail ansehen.

Klingt irgendwie nach Schlaraffenland? Glauben Sie mir, Sie werden sich herrlich fühlen. Endlich das essen, was schmeckt, und nicht mehr das, was uns in der Fettphobie der Nation als gesund verkauft wird. Apropos Fettphobie. Sie haben gerade Zweifel, ob ich Ihnen nicht doch eine ungesunde Ernährung als gesund verkaufen will? Ich nehme Ihnen diese Zweifel keinesfalls übel! Die Angst vor Fett hat sich tief eingeprägt. Doch ist sie berechtigt? Ich meine, nein. Es wird Zeit, gründlich mit der Angst vor Fett aufzuräumen.

Woher kommt die Fettangst?

Als Mitte der 1950er-Jahre Herzinfarkte immer häufiger wurden, begann man nach dem »Warum« zu fragen. Ein Forscherteam rund um den Wissenschaftler Ancel Keys untersuchte in breit angelegten Studien die Zusammenhänge zwischen Herzkrankheiten, Ernährungsgewohnheiten und Cholesterin. Keys kam zu dem Schluss, dass die Rate der Herzpatienten zunahm, je mehr Fett verzehrt wurde. Und, so seine Schlussfolgerung: Je mehr Fett über die Nahrung aufgenommen würde, umso mehr Cholesterin würde gebildet. Jedoch, und diesen Umstand berücksichtigte er nicht, in den untersuchten Wohlstandsländern wurden auch sehr viel Stärke und Zucker verzehrt. Es kam, wie es schlimmer nicht kommen konnte. Er verdächtigte im Fett den Falschen und trotz erdrückender Beweislast hält sich das Vorurteil bis heute. Kaum etwas ist in den letzten Jahren so intensiv erforscht worden wie Fett in Bezug auf Herz-Kreislauf-Erkrankungen. Alle Studien kommen eindeutig zu dem Ergebnis, dass Fett, insbesondere gesättigte Fette, nicht für Herzerkrankungen verantwortlich zu machen sind!

Wofür wir Cholesterin brauchen

Um zu verstehen, warum die Fettangst und insbesondere die Angst vor einem »erhöhten Cholesterin« unbegründet ist, müssen wir uns ansehen, was Cholesterin ist: nämlich ein sehr wichtiger Baustein jeder Zelle. Cholesterin stützt und stabilisiert die Zellwände, außerdem ist es an der Bildung verschiedener Hormone wie Testosteron, Östrogen und auch dem Vitamin D beteiligt. Cholesterin nehmen wir zum einen über die Nahrung auf, andererseits wird es körpereigen gebildet. Kommt wenig Cholesterin über die Nahrung, wird intern nachproduziert. Kommt viel, wird die interne Produktion eingestellt. Das garantiert einen ausgeglichenen Cholesterinspiegel. Jedenfalls, solange dieser Mechanismus nicht gestört wird! Cholesterin wird unterteilt in HDL- und LDL-Partikel. Das HDL ist dabei das gute, herzschützende Cholesterin, während das LDL zwei Seiten hat – ist der Mensch gesund, bleiben die Partikel groß und fluffig. Brenzlig wird es, wenn das LDL klein wird und verdickt, dann kann es sich als Plaque an den Gefäßwänden ablagern und die gefürchtete Arteriosklerose entsteht.

Nachweislich steigt bei einer kohlenhydratarmen und dafür fettreichen Ernährung der Anteil HDL-Partikel, während gleichzeitig die kleinen LDL-Partikel weniger werden. Das Gesamtcholesterin mag dadurch ansteigen – unserem Herzen kann aber nichts Besseres passieren! Ach, und bevor ich es vergesse – Insulin triggert übrigens die Produktion des körpereigenen Cholesterins! Allein durch den gedrosselten Insulinspiegel gibt es also schon Entspannung an der Cholesterinfront.

Cholesterin ist wichtig für uns, wir brauchen es zwingend. Es gibt keinen Zusammenhang zwischen Fett, auch gesättigtem Fett, und Herz-Kreislauf-Erkrankungen. Fett ist nicht schädlich für uns! Dass Fett noch immer einen schlechten Ruf hat, haben wir wohl in erster Linie den großen Konzernen zu verdanken, die horrende Gewinne mit der Fettangst der Menschen machen ... Denken Sie nur an die vielen Medikamente, die zur Behandlung des metabolischen Syndroms nötig sind. Oder an die vielen teuren Lightprodukte. Ich bin kein Fan von Verschwörungstheorien, aber in diesem Fall beschleicht mich das Gefühl, es sei naiv, nicht über mögliche Zusammenhänge nachzudenken.

Wofür Fett sonst noch gut ist und welche Fette wir bei LCHF bevorzugt einsetzen, erfahren Sie in dem Abschnitt »Fette« (Seite 48).

Für wen ist LCHF geeignet?

Prinzipiell eignet sich eine kohlenhydratreduzierte Ernährung für jeden Menschen, egal welchen Alters. Ob Kinder im Wachstum, Sportler, werdende Mütter oder Großeltern – jeder profitiert von einem gleichmäßig verlaufenden Blutzuckerspiegel und damit verbunden dem Ausbleiben von Übergewicht, Bluthochdruck und dergleichen mehr. Die Kombination aus wenigen Kohlenhydraten, ergänzt um gesunde Fette, ergibt eine durchweg gesunde und lebenslang durchführbare Ernährung.

Wir haben bereits viel über die regulierende Wirkung von LCHF auf den Blutzucker gesprochen und in diesem Sinne eignet sich LCHF besonders für Diabetiker. Tatsächlich wurde Diabetikern vor der Erfindung der entsprechenden Medikamente zur Behandlung ihres Diabetes eine kohlenhydratarme Diät verordnet. Mit Erfolg! Leider geriet diese Therapieform in Vergessenheit und heute wird Diabetikern nicht selten geraten, sie sollten reichlich Kohlenhydrate essen und die dadurch entstehenden Blutzuckerschwankungen mit entsprechenden Medikamenten ausgleichen. Ein Drama für die Betroffenen, denn die Spätfolgen von allzu häufigen Blutzuckerspitzen können sehr unangenehm werden.

Ist es nicht gefährlich, keine Kohlenhydrate zu essen?

Nicht nur Diabetikern wird empfohlen, mehr Kohlenhydrate zu essen. Wie wir schon gesehen haben, lautet die Empfehlung von offizieller Seite noch immer, weniger Fett und dafür mehr Kohlenhydrate zu essen. Besonders unsere grauen Zellen, unser Gehirn, bräuchten dringend Zucker! Damit wird suggeriert, Kohlenhydrate seien enorm wichtig für uns und ohne könnten wir nicht leben. Das ist falsch! Natürlich, Gemüse sollten wir aufgrund der enthaltenen Nährstoffe zu uns nehmen und damit nehmen wir auch immer einen Teil Kohlenhydrate auf. In diesem Sinne brauchen wir sie also schon. In jeder anderen Form sind sie aber nicht essenziell; wir kommen prima ohne aus, denn unser Körper ist in der Lage, sich auch bestens mit Fettsäuren zu versorgen. Zunächst werden immer die Glykogenspeicher geleert; sind diese leer, zapfen wir problemlos eine andere Energiequelle an. Sie ahnen es schon, es sind die Fette!

Ketose – der Stoffwechselturbo

Fett in Energie umzuwandeln ist tatsächlich kein Problem für uns. Die Nutzung von Fettsäuren (in Form von Ketonkörpern) als Brennstoff nennt man Ketolyse, wir sprechen dann von einer ketogenen Ernährung.

Ketolyse – Ketose – Ketonkörper – WAS?

Vereinfacht gesagt ist Ketose der Zustand, der eintritt, wenn wir nur noch sehr wenig Kohlenhydrate zu uns nehmen. Wer bei einem täglichen Gesamtbedarf von etwa 2.000 kcal rund 20 g Kohlenhydrate zuführt, sorgt dafür, dass die Glykogenspeicher schnell geleert sind und die Fettdepots aufgeschlossen werden. Die Leber wird aktiv und stellt aus den frei gewordenen Fettsäuren Ketonkörper her, die so konzipiert sind, dass sie über das Blut zu den Organen transportiert werden können.

Nahezu alle Organe können hervorragend Ketonkörper als Energiequelle nutzen! Wir erinnern uns – nur ein kleiner Teil unseres Gehirns sowie die roten Blutkörperchen sind zwingend auf Glukose angewiesen. Je länger die Ketose anhält, desto mehr verwendet auch das Gehirn die Ketonkörper und umso weniger Glukose ist nötig. Die zwingend notwendige Glukose bekommt man bei LCHF durch den Vorgang, den man Gluconeogenese nennt: In der Leber werden ein Teil des (Nahrungs)Eiweißes und ein kleiner Anteil Fett in Glukose umgewandelt. Wenn Sie ausreichend Eiweiß und Fett zu sich nehmen, brauchen Sie sich weder um Ihre kognitiven Leistungen noch um Ihre Muskulatur Gedanken machen!

Was bewirkt die Ketose?

Die Versorgung über Ketonkörper ist effizient und unterliegt weniger Schwankungen als das störanfällige System aus Blutzucker und Insulin. Unsere über die Jahre aufgebauten Fettpolster (ja, auch die unsichtbaren, die sichum die Organe lagern und diese langsam verfetten lassen) werden ihrer eigentlichen Bestimmung zugeführt und zur Energiequelle umfunktioniert. Gleichzeitig wird das Nahrungsfett genutzt, um die Ketose zu befeuern. Der für mich größte Nutzen der Ketose ist, dass es keine starken Blutzuckerschwankungen mehr gibt. Heißhungerattacken lassen nach, der Appetit auf

Süßes verschwindet weitestgehend und dem Fettabbau steht nichts mehr im Wege. Sie werden erleben, dass Sie viele Stunden ohne Nahrung auskommen und generell weniger Essen brauchen.

Die ketogene Diät ist übrigens keine neumodische Erfindung, um überflüssige Pfunde schmelzen zu lassen. Wir sind so geschaffen, dass wir sowohl mit Glukose als auch mit Fett als Brennstoff zurechtkommen. Es ist anzunehmen, dass unsere Vorfahren überwiegend in Ketose waren und nur gelegentlich, etwa im Sommer, wenn mehr Obst zur Verfügung stand, Glukose zur Energiegewinnung nutzten. Erst mit der Industrialisierung änderte sich das, und Glukose wurde zur „normalen" Energiequelle.

Wann tritt die Ketose ein und wie merke ich das?

Wer fastet oder die Kohlenhydrate auf etwa 20 g/Tag zurückfährt, wird binnen weniger Tage in Ketose kommen. Ob Sie in Ketose sind, können Sie messen: Als zuverlässig gilt die Messung im Blut, jedoch ist die Kontrolle über den Urin einfacher. Dafür können Sie Ketostix (aus der Apotheke) nutzen. Ab einem Wert von 0,5 mmol/l im Blut sprechen wir von Ketose.

Sie müssen die Ketose nicht messen, denn Sie werden spüren, dass etwas anders läuft. Viele berichten von einem Energieschub, höherer Leistungsfähigkeit, spürbar mehr Konzentration, ausgeglichener Stimmung und dem Ausbleiben eines Mittagstiefs. Zugegeben, der Weg dahin kann etwas holprig sein, denn gerade wer keine Erfahrung mit der Ketose hat, muss erst lernen, die Ketonkörper gut zu nutzen. Das kann vorübergehend mit Müdigkeit und grippeähnlichen Symptomen einhergehen.

Übrigens ist LCHF nicht zwingend ketogen, denn bei LCHF liegt die Obergrenze für Kohlenhydrate bei 50 g/Tag. Wer das ausschöpft, wird eher nicht in Ketose sein und dennoch von den positiven Auswirkungen der Kohlenhydratreduzierung profitieren. Es kommt auf Ihre Ziele und auf Ihre Lebensumstände an, ob Sie die Ketose anstreben. Viele nehmen in Ketose deutlich besser ab, wer jedoch körperlich aktiv ist, kommt eventuell mit mehr Kohlenhydraten besser zurecht. Hören Sie auf ihren Körper und finden Sie ihren Weg!

Wichtig: Ketose ist keine Ketoazidose! Letzteres ist eine schwere Stoffwechselentgleisung, die Diabetiker Typ 1 betrifft. Für gesunde Menschen ist die Ketose vollkommen ungefährlich.

Der optimale LCHF-Tag

Frühstück

Quark mit Beeren

Für 2 Portionen • ⏱
200 g Sahne • 250 g Quark, 40 % Fett i.Tr. • ½ TL Vanille, gemahlen • 100 g Beeren nach Wahl • 2 EL Mandelsplitter

- Sahne schlagen und mit Quark und Vanille verrühren.

- Beeren unterheben, auf zwei Schüsseln verteilen und mit Mandelsplittern bestreuen.

Tipp: Statt Quark können Sie auch gut gekühlte Kokosmilch verwenden und tiefgekühlte Beeren. In einer Küchenmaschine mixen und genießen.

Mittag

Salat mit Avocado und Eiern

Für 2 Portionen • ⏱
4 Eier • 1 Kopf Romana-Salatherzen • 2 kleine Tomaten • ½ Salatgurke • 1 Avocado • 1 TL Zitronensaft • Vinaigrette (Seite 128)

- Eier 10 Min. in kochendem Wasser hart kochen und abschrecken.

- Salat waschen, putzen und zerkleinern. Tomaten waschen und würfeln. Gurke schälen und in Scheiben schneiden.

- Avocado halbieren, Kern entfernen, Fruchtfleisch aus der Schale heben und in Scheiben schneiden, sofort mit Zitronensaft beträufeln.

- Jeweils die Hälfte in eine transportsichere Schale packen, Dressing separat mitnehmen und in der Mittagspause mit den hart gekochten Eiern genießen.

Abend

Steak auf Zucchininudeln

Für 2 Portionen • ⏱
2 Zucchini • 2 Steaks vom Rind à 150 g •
4 EL Butterschmalz • Salz • Pfeffer

- Zucchini waschen, putzen und mit einem Spiralschneider in Spaghetti-Form bringen.

- Steaks in 2 EL Butterschmalz von beiden Seiten je 1 bis 2 Min. scharf anbraten, Temperatur reduzieren und auf mittlerer Hitze gar ziehen lassen.

- Restliches Butterschmalz in einem Topf erhitzen und Zucchini darin kurz schwenken.

- Mit Salz und Pfeffer würzen. Nach Geschmack mit Senf, Remoulade oder Mayonnaise servieren.

Nährwerte:
Für den Tag ergibt das: 1.735 kcal • 146 g F • 24 g KH • 68 g EW

LCHF – von der Theorie zur Praxis

Krempeln Sie gerade die Ärmel hoch, um loszulegen – haben aber keinen Plan, was Sie machen müssen? Dann kommt hier endlich die Praxis! Beginnen wir mit dem Nächstliegenden: der Auswahl der richtigen Lebensmittel!

Lebensmittel zum Sattessen

- Kohlenhydratarmes Gemüse – Gemüse, das über der Erde wächst, ist in der Regel gut geeignet. Vorsicht nur bei Kürbis, der je nach Sorte ordentlich Stärke mitbringt. Mit Blattsalat, Gurke, Zucchini, Blumenkohl, Brokkoli, Wirsing, Weißkohl, Stangenbohnen etc. machen Sie nie etwas verkehrt, davon dürfen Sie große Mengen verzehren.
- Fleisch, Fisch und Eier – greifen Sie zu und erleben Sie, wie wunderbar Eiweiß in Kombination mit Fett sättigt!
- Fette und Öle – Olivenöl, Kokosöl (kein Palmin!), Butter, Schmalz, in Maßen auch Lein- und Rapsöl. Bitte unbedingt darauf achten, dass die Öle nativ/kalt gepresst sind.
- Beeren und Nüsse – von beidem eine Handvoll täglich dürfen Sie gerne genießen. Mein Tipp: Wenn es Ihnen geht wie mir, dass eine offene Tüte Nüsse direkt eine leere Tüte Nüsse bedeutet, dann sollten Sie sich ihr Knabberzeug portionieren. Und den Rest gut wegpacken – aus den Augen, aus dem Sinn. Besonders geeignet sind übrigens Macadamianüsse. Sie enthalten wenig Kohlenhydrate und haben ein gutes Verhältnis von Omega 3 zu Omega 6.
- Kräuter und Gewürze – sind völlig unbedenklich. Hier dürfen Sie ganz nach Ihren Vorlieben kreativ werden. Ich verwende gerne frische Kräuter, daher finden Sie in meinen Rezepten oft die Angabe »eine Handvoll«. Natürlich sind aber auch tiefgefrorene oder getrocknete Kräuter in Ordnung. Die Kohlenhydratbombe Knoblauch verwenden wir in der Regel in Maßen – daher zählt er für mich auch zu den geeigneten Gewürzen.

Lebensmittel in Maßen

- Milchprodukte – sofern sie ungesüßt sind. Probieren Sie aus, wie Sie darauf reagieren. Bei manchen Menschen lösen Milchprodukte Heißhunger aus oder verzögern

die Abnahme. Auch stehen Milchprodukte im Verdacht, Entzündungen zu fördern. Wer gesundheitliche Probleme hat, kann evtl. davon profitieren, für eine Weile die Milchprodukte wegzulassen.

- Hülsenfrüchte – Stangenbohnen gehören in die Kategorie der geeigneten Lebensmittel. Alle anderen Bohnen, Linsen und insbesondere Soja sollten gemieden werden. Dunkle Schokolade – ab 70 % Kakaogehalt spricht nichts gegen den gelegentlichen Genuss. Mein Tipp: Am besten in Verbindung mit einer Mahlzeit essen, also dann, wenn der Blutzucker- und Insulinspiegel ohnehin steigt. Ungünstig ist der Snack zwischendurch.
- Alkohol – trockener Wein, Whisky und Cognac sind die kohlenhydratarmen Varianten. Bedenken Sie jedoch: Nach Alkoholkonsum ist die Leber vorrangig damit beschäftigt, den Alkohol aus dem Körper zu transportieren. Der Fettabbau stoppt bzw. die Fetteinlagerung wird sogar begünstigt. Nicht selten unterbricht Alkohol auch die Ketose, was gerade anfangs nicht sinnvoll ist.
- Obst – enthält Fruchtzucker, der ohne Umwege von der Leber zu Fett umgewandelt wird, sofern er nicht sofort als Energie benötigt wird.

Bitte meiden

Zucker – in all seinen Varianten. Vorsicht auch bei Zuckeraustauschstoffen!

- Getreide, Pseudogetreide wie Quinoa und Amaranth, Reis, Mais – damit eingeschlossen sind auch Produkte, die aus diesen Lebensmitteln gefertigt werden, wie Backwaren, Frühstückscerealien, Nudeln etc.
- Verschiedene Pflanzenöle – gemeint sind stark verarbeitete Öle mit einem hohen Omega-6-Gehalt, wie Maiskeimöl, Sonnenblumenöl, Sojaöl etc. Auch Margarine und gehärtete Fette bitte unbedingt meiden, diese sind gesundheitsschädlich.
- Bier – auch alkoholfreies, besser die anderen trinken lassen! Bier ist gleichzusetzen mit Brot und daher nicht geeignet.
- Alles, was nicht pures Wasser ist – Säfte und Softdrinks enthalten in der Regel Zucker oder zumindest Zuckeraustauschstoffe. Beides ist für LCHF ungünstig.
- Wurstwaren – enthalten oft ungünstige und ungesunde Zusätze wie Geschmacksverstärker und Zucker. Wurstwaren, die ohne Zusatzstoffe auskommen, sind allerdings geeignete Lebensmittel.
- Fertig- und Lightprodukte sowie Fast Food – die in diesen Lebensmitteln enthaltenen schlechten Inhaltsstoffe wie Fette mit hohem Omega-6-Gehalt, Aromen, Geschmacksverstärkern, Zucker etc. haben in einer LCHF-Küche nichts verloren. Mein Tipp für Tage, an denen es dennoch schnell gehen muss: Tiefgekühltes, ungewürztes

und dennoch küchenfertig vorbereitetes Gemüse ist eine gute Wahl, mit der sich im Handumdrehen eine LCHF-Mahlzeit zubereiten lässt.
- Kohlenhydrathaltiges Gemüse – alles stärkehaltige Gemüse wie Kartoffeln, Süßkartoffeln und Bohnen sollten Sie erst einmal vermeiden. Eine Ausnahme bilden inulinhaltige Wurzelgemüse. So veranschlagt die Uni Hohenheim für gegarte Pastinake nur 2 g KH/100 g: Grund ist das enthaltene Inulin, ein Ballaststoff, der für einen langsamen Blutzuckeranstieg sorgt. Den Wert der Uni Hohenheim habe ich in der Berechnung der Nährwerte übernommen, auch wenn andere Datenbanken andere Zahlen liefern. Mein Tipp: Testen Sie aus, wie es Ihnen mit Pastinake und Topinambur etc. geht – bleibt der Heißhunger aus, spricht nichts gegen den maßvollen Genuss.

Braucht man spezielle Ersatzprodukte?

In der Low-Carb-Szene und auch bei LCHF finden sich immer mehr spezielle Lebensmittel, die zwar kohlenhydratarm, aber dennoch nicht immer zu empfehlen und eben vor allem oft eins sind: teuer! Manche Produkte sind aber durchaus nützlich und auf ein paar davon möchte ich hier gerne eingehen, auch wenn ich versucht habe, sie soweit es geht aus den Rezepten herauszuhalten.

- Guarkernmehl, Pfeilwurzmehl, Johannisbrotkernmehl und Flohsamenschalen mögen für manchen exotisch klingen, sind jedoch in jedem gut sortierten Bio- oder Drogeriemarkt sowie in diversen Onlineshops leicht zu bekommen. Es dient als Bindemittel in Saucen und Backwaren und ist damit ein Ersatz für Weizenmehl, das klassisch zur Bindung genommen wird. In Soßen ist die Zugabe dieser Bindemittel immer optional und hängt von den persönlichen Vorlieben ab, wie dickflüssig eine Sauce sein sollte. Flohsamenschalen liefern wertvolle Ballaststoffe für eine gute Verdauung.
- Collagen ist ein reines Eiweißpulver, das aus dem Bindegewebe von Schwein und Rind gewonnen wird. Hier greift das Prinzip »Nose to tail« – was so viel bedeutet, dass alle Teile vom Tier verwertet werden. Collagen unterstützt Ihr Bindegewebe, stärkt Haut, Haar und Nägel. Gerade wer viel Gewicht verlieren möchte, kann mit Collagen die Rückbildung der Haut unterstützen.
- Zuckerersatzstoffe. Manche klingen zunächst »natürlich« – jedoch durchlaufen fast alle Zuckerersatzstoffe einen starken chemischen Prozess, um brauchbar zu werden. Aktuelle Studien deuten darauf hin, dass Zuckerersatzstoffe gesundheitsschädigend und bei Weitem nicht alle Low Carb sind, sondern trotzdem den Insulinspiegel erhöhen. Eine gesunde Vorsicht ist angebracht. Auch Stevia, wenn es flüssig oder als weißes Pulver angeboten wird, wird industriell verarbeitet. Natürlich sind nur die reinen Steviablätter, die getrocknet gekauft werden können (erhältlich z. B. auf Märkten, im Bio-Laden oder Online). Wenn Sie die reinen Blätter verwenden, ist gegen den maßvollen Genuss nichts einzuwenden! Aber Vorsicht: Wenn Sie zu viel verwenden, entsteht ein unangenehmer Nachgeschmack. In diesem Kochbuch verwende ich in manchen Rezepten Honig. Dieser enthält zwar Fruktose, ist aber tatsächlich natürlich und enthält auch noch ein paar gesundheitsfördernde Inhaltsstoffe. Hier gilt Ähnliches wie

bei Knoblauch und Co.: Betrachten Sie Honig als ein Gewürz, das, in kleinen Mengen und nicht täglich genossen, in einer gesunden und dauerhaften Ernährungsumstellung durchaus seinen Platz hat. Persönlich mache ich um alles Süße, egal in welcher Form, einen großen Bogen und empfehle dies auch heute noch allen, die mit Zuckersucht zu kämpfen haben. Mehr dazu im Kapitel »Zuckersucht« auf Seite 40.

- Nussmehle sind im Trend, Backmischungen erfreuen sich immer größerer Beliebtheit. Nussmehle lassen sich einfach durch Mahlen der Nüsse herstellen oder teilentölt kaufen. Teilentölte Nussmehle haben angeblich bessere Backeigenschaften. Persönlich kann ich den Wunsch nach Brot gut nachvollziehen. Der Mensch ist ein Gewohnheitstier und die Liebe zur »Stulle« ist nun mal groß. Bei allem Verständnis rate ich dennoch nur zum gelegentlichen und nicht zum täglichen Genuss, denn Nussmehle sind nicht unkritisch. So sind Nüsse nicht sehr hitzestabil, daher können beim Backen schädliche Transfette entstehen. Außerdem, und dieser Punkt ist mir fast noch wichtiger: LCHF ist in meinen Augen eine wirkliche Ernährungsumstellung. Wer immerzu versucht, Liebgewordenes aus der alten Ernährung mit in die neue Ernährung zu nehmen, wird vermutlich irgendwann frustriert aufgeben, entweder weil der Nachbau nie so schmeckt wie das Original oder weil mit dem Nachbau ständig die Lust aufs Original getriggert wird. Lieber komplett umstellen und Neues genießen!

Ein paar Gedanken zur Qualität

Bei LCHF legen wir viel Wert auf natürliche, regionale und saisonale Lebensmittel, nach Möglichkeit in Bioqualität. Denn in der konventionellen Landwirtschaft wird gespritzt, was das Zeug hält: Pestizide, die sich oft genug nicht wegwaschen lassen oder schon lange im Gemüse selbst sind.
Besonders unser Darm leidet unter Pestiziden. Zunehmend mehr Menschen haben gesundheitliche Probleme, weil sie keine intakte Darmschleimhaut mehr haben.
Das Immunsystem ist völlig überfordert und nicht selten endet dies in Autoimmunerkrankungen. Hashimoto beispielsweise ist eine davon. Gerade wer aus gesundheitlichen Gründen zu LCHF wechselt, sollte besonders viel Wert auf Gemüse, Beeren und Nüsse in Bioqualität legen.

Auch bei tierischen Produkten lohnt es sich, nach guten Quellen Ausschau zu halten. Fleisch, Milchprodukte und Eier von Tieren aus Weidehaltung haben ein wesentlich besseres Fettsäureprofil, die für uns lebenswichtigen Fettsäuren Omega 3 und Omega 6 stehen in besserem Verhältnis zueinander. Ganz nebenbei tun Sie auch noch aktiv etwas für den Tierschutz, wenn sie bewusst auf tierische Produkte aus artgerechter Haltung setzen.

Aber ist das nicht furchtbar teuer?

Nein, in der Regel werden Sie nicht mehr Geld ausgeben als zuvor. Wenn Sie sich bei Ihrem Einkauf an den Gemüsesorten orientieren, die gerade Saison haben, werden Sie in etwa die gleichen Kosten haben, die Sie sonst auch hätten, wenn Sie querbeet einkaufen würden. Tiefkühlgemüse ist übrigens auch eine gute

Option. Achten Sie auf Wochenangebote, kaufen Sie nach Möglichkeit größere Mengen, wenn sie im Angebot sind, und frieren Sie sie dann ein. Viele Landwirte, die ab Hof ihre Erzeugnisse verkaufen, bieten auch sogenannte Haushaltspakete an. Von der Beinscheibe bis zum feinsten Filet ist dann alles dabei, und das zu einem fairen Durchschnitts-Kilopreis. Last but not least landen viele Produkte ab sofort nicht mehr in ihrem Einkaufswagen: Geld, das übrig bleibt, um es in hochwertige Lebensmittel zu stecken.

Tipps für den Start

LCHF ist mehr als eine schnelle Diät. LCHF ist eine umfassende Ernährungsumstellung, von der Sie viele Vorteile erwarten dürfen. Nach ein paar Wochen werden Sie erstaunt sein, wie viel sich verändert hat, nicht nur bezogen auf das Gewicht.

Wenn Sie mögen, nehmen Sie sich, bevor Sie loslegen, einen Moment Zeit und überlegen, was Sie erreichen möchten. Steht an erster Stelle eine Gewichtsreduktion? Oder möchten Sie Ihren Diabetes in den Griff bekommen? Möchten Sie besser schlafen, fitter und leistungsfähiger werden? Was auch immer Ihre Ziele sind, schreiben Sie sie auf! Und das am besten möglichst konkret und messbar. Mein Tipp: Vermessen Sie sich, indem Sie beispielsweise Brust-, Taillen- und Hüftumfang messen. Machen Sie ein Vorher-Foto von sich – Sie werden es sich nie verzeihen, wenn Sie später keins haben!

Wenn Sie schon einmal Stift und Papier zur Hand haben, dann machen Sie doch eine Liste mit allen LCHF-geeigneten Lebensmitteln, die Sie gerne essen. Sie werden staunen, wie lang die Liste werden wird! Und vor allem, wie viele Lebensmittel darauf stehen werden, auf die Sie bisher der schlanken Linie zuliebe verzichtet haben. Im Laufe der Zeit werden Sie immer häufiger hören, dass andere sich nicht vorstellen können, auf Brot, Süßigkeiten etc. zu verzichten. Gut möglich, dass Sie sogar selbst den einen oder anderen Tag erleben, wo es Ihnen so vorkommt, als sei LCHF der pure Verzicht. Da hilft es enorm, sich vor Augen zu führen, wie viel man tatsächlich essen darf UND mag!

Der nächste Schritt führt in die Küche, denn dort beginnt die Ernährungsumstellung. Erfahrungsgemäß sind die ersten Tage die schwierigsten, denn Sie verabschieden sich von einigen lieb gewordenen Lebensmitteln. Da ist es sinnvoll, wenn gar nicht erst etwas Verlockendes in Sichtweite ist. Daher lautet die erste Aufgabe: Sortieren Sie Ihre Vorräte und geben Sie weg, was nicht mehr in die neue Ernährung passt.

Die ersten Schritte

Wer von heute auf morgen auf Zucker und Getreide verzichtet und die Kohlenhydrate drastisch reduziert, kann eventuell mit Umstellungsschwierigkeiten zu kämpfen haben. Das hat verschiedene Gründe, wie z. B., dass die Nieren vermehrt Wasser und damit auch Salz ausscheiden. Hilfreich gegen eine anfängliche Abgeschlagenheit und Müdigkeit ist eine Tasse Brühe oder etwas Salz, aufgelöst in einem Glas Wasser. Sie können die Umstellung natürlich langsamer vornehmen und sich 1–2 Wochen Zeit geben. Das birgt allerdings die Gefahr, die Umstellungsbeschwerden künstlich in die Länge zu ziehen. Entscheiden Sie, was besser zu Ihnen und Ihrem Alltag passt.

Disziplin ist kein schönes Wort und Verzicht gleich gar nicht. Jedoch – auch wenn LCHF vielen sehr leichtfällt, geht es nicht ganz ohne Disziplin. Jedenfalls nicht, solange Sie noch in der Umstellungsphase sind. Mein Tipp: Essen Sie in den ersten Tagen so viel kohlenhydratarmes Gemüse, bis Sie wirklich spürbar satt sind, und sparen Sie nicht an Eiweiß. Das hilft dabei, konsequent zu bleiben.

Sie sind berufstätig und Sie finden die Aussicht, nach Feierabend noch lange in der Küche zu stehen nicht gerade verlockend? Planung ist das A und O! Anfangs kann ein Wochenplan hilfreich sein, für den Sie einmal einen Großeinkauf machen und dann nur noch frische Lebensmittel nachkaufen müssen. Viele Rezepte aus diesem Kochbuch lassen sich auf Vorrat kochen und entweder einfrieren oder am Folgetag noch einmal gut aufwärmen.

Und wie viel nun von allem?

Am einfachsten ist, sich anfangs am Tellermaß zu orientieren: ½ Teller Gemüse, ¼ Teller Protein + eine Portion Fett. Alternativ können Sie alles abwiegen und die Nährstoffe berechnen – es gibt eine Reihe von Onlinedatenbanken und Apps, in denen Sie Ihre Mahlzeiten eintragen können. Für die Berechnung können Sie sich an folgenden Empfehlungen orientieren. Kohlenhydrate: 20–50 g/Tag Eiweiß: pro kg Normalkörpergewicht (Körpergröße in cm abzüglich 100) 1–1,5 g. Sportler orientieren sich an 1,5 g und auch in den ersten Wochen dürfen Sie gerne bis an die obere Grenze gehen. Fett: Den Rest der Kalorien dürfen Sie für Fett verbrauchen. Achten Sie aber auch hier unbedingt auf Ihr Sättigungsgefühl, Sie müssen nicht zwanghaft Ihr komplettes Fettkontingent verbrauchen, wenn Sie bereits satt sind!

Wer aufschreibt, interessiert sich möglicherweise auch für die sogenannte Skaldeman-Ratio (SR), die ich bei den Rezepten mit notiert habe. Sten Sture Skaldeman prägte LCHF in Schweden maßgeblich mit. Er stellte eine Formel auf, die zunächst als Einkaufshilfe gedacht war, um mit einem Blick aufs Etikett beurteilen zu können, ob ein Lebensmittel tauglich ist oder nicht. Und zwar sagte er, dass das optimale Verhältnis eines Lebensmittels dann vorliegt, wenn die Summe aus Eiweiß und Kohlenhydraten zusammen weniger ist als das enthaltene Fett, also: Fett : (Kohlenhydrate + Eiweiß) = >1. Eine Einschränkung machte er dabei: Die Kohlenhydrate sollten nicht über 5 g/100 g liegen. Inzwischen ist »der Skaldeman« ein feststehender Begriff und wird nicht mehr nur als Einkaufshilfe genutzt, sondern auch um zu beurteilen, ob eine Mahlzeit eine geeignete Verteilung der Makronährstoffe hat oder nicht.

Ob Sie sich am Tellermaß orientieren oder alles aufschreiben und berechnen möchten, spielt erst einmal keine Rolle. Wichtig ist nur die richtige Auswahl an Lebensmitteln. Generell gilt: Essen Sie langsam und nur dann, wenn Sie hungrig sind. Hören Sie auf zu essen, wenn Ihr Hunger gestillt ist. Bedenken Sie: Die Sättigung über Fett setzt erst später ein, als Sie von der kohlenhydratreichen Nahrung gewohnt sind, denn dort setzt die Sättigung über die Magenfüllmenge ein. Bei LCHF dagegen sättigt, zeitverzögert um etwa 20 Minuten, das Fett. Wenn Sie merken, Sie nehmen gut ab und es geht Ihnen gut, dann bleiben Sie gerne beim Freestyle.

Stolperfallen unterwegs

Was tun, wenn die Hormone wieder einmal verrücktspielen, die Kinder krank sind und der Druck auf der Arbeit überhandzunehmen droht? Legen Sie sich Strategien zurecht, und zwar am besten, bevor diese Situationen eintreten. Mein Tipp: In stressigen Phasen setze ich besonders auf Fett. Das sättigt mich lange und bewahrt mich vor Heißhungerattacken. Auch Einladungen und Geschäftsreisen müssen nicht zum unüberwindbaren Problem werden. Wie Sie einen guten Weg finden, damit umzugehen, erfahren Sie im Abschnitt »Tipps für unterwegs« (Seite 62)!

Besonders hart kann es sein, wenn Ihre Familie (noch) nicht LCHF essen möchte – bitten Sie konkret um Unterstützung, falls es Ihnen z. B. schwerfällt, wenn Menschen neben Ihnen Süßigkeiten oder Chips knabbern. Bitten Sie Ihre Familie, das zumindest in der Anfangsphase von Ihnen fernzuhalten. Später wird es Ihnen vermutlich nicht mehr viel ausmachen, aber für den Anfang kann es nötig sein.

Lästige Gewichtsplateaus

Ein schwieriger Moment kann entstehen, wenn das Gewicht stagniert. Das kann viele Gründe haben, wie etwa hormonell bedingte Wassereinlagerungen. Messen Sie einfach regelmäßig Ihren Umfang, das ist oft aussagekräftiger als die Zahl auf der Waage. Gerade bei Menschen, die viel Gewicht zu verlieren haben, baut sich der Körper mit der Zeit um. Sie werden bei gleichbleibendem Gewicht dennoch schmaler. Trotzdem gibt es natürlich echte Gründe für einen Stillstand oder sogar eine Zunahme. Dann hilft es nichts, Sie müssen sich auf Spurensuche begeben.

Eine Spur kann beispielsweise sein, dass Sie zu viel Eiweiß zu sich nehmen. Dafür muss man wissen, dass Eiweiß zu einem gewissen Anteil ebenfalls zu Glukose verstoffwechselt wird. Diesen Vorgang nennt man Glukoneogenese. Wenn mehr Eiweiß zugeführt wird, als aktuell benötigt wird, wird mehr davon zu Glukose umgewandelt und der gleiche negative Effekt auf den Blutzucker tritt ein, wie er auch bei Kohlenhydraten entsteht. Bei LCHF empfehlen wir pro kg Normalkörpergewicht (das ist Körpergröße in cm minus 100) 1–1,5 g Eiweiß/Tag.

Eine andere Möglichkeit ist, dass Sie Ihr natürliches Sättigungsgefühl noch nicht wiedererlangt haben und schlicht zu viel essen. Dann kann es nötig sein, dass Sie eine Weile Ihr Essen notieren, einmal auf die Verteilung schauen und gegebenenfalls die Menge reduzieren.

Wenn Sie alles bisher Genannte ausschließen können, wäre noch eine hormonelle Verschiebung denkbar. Eine Schilddrüsenunterfunktion beispielsweise hat schon manchem die Abnahme verhagelt. Ein guter Endokrinologe wird Ihnen in diesem Fall weiterhelfen können.

Ein Tipp zum Schluss: Holen Sie sich Unterstützung! Egal ob Partner, Kollegen oder Freunde – wer Verbündete hat, dem fällt eine so drastische Ernährungsumstellung wie LCHF leichter. Vielleicht liegt es Ihnen, virtuell mit Menschen in Kontakt zu treten? Es gibt viele LCHF-Gruppen auf Facebook.de und besonders empfehlen möchte ich Ihnen das LCHF-Forum, das Sie unter www.LCHF.de/forum finden.

LCHF in besonderen Situationen

Funktioniert LCHF eigentlich vegetarisch? Es ist etwas schwerer, aber es ist machbar, wenn Sie verstärkt auf Milchprodukte und Eier setzen. Vegan und LCHF sind leider nicht miteinander zu kombinieren.

Wenn Sie nicht gerade Vegetarier sind und daher auf Fleisch und Fisch zurückgreifen, ist LCHF ohne Milchprodukte in jedem Fall möglich. Ich praktiziere es selbst seit Langem, weil ich Milchprodukte anfangs nicht vertragen habe. Inzwischen geht es meinem Darm so gut, dass ich nicht mehr so stark auf kleine Mengen Milchprodukte reagiere – übertreiben möchte ich es dennoch nicht, denn Milch, Quark, Sahne und Co. lösen zumindest bei mir Heißhunger aus. Das liegt vermutlich an einem Enzym in der Milch, das, ähnlich wie andere stoffliche Drogen, im Belohnungszentrum im Gehirn andocken kann und Dopamin freisetzt. Berauscht von Glücksgefühlen, speichern wir Milchprodukte als etwas ganz besonders Gutes ab – und sobald der Dopaminspiegel sinkt, wollen wir Nachschub. Das kann erneut eine Heißhungerspirale auslösen, was eine Gewichtsabnahme erschwert. Außerdem stehen Milchprodukte im Verdacht, trotz ihres geringen Gehalts an Kohlenhydraten dennoch eine Erhöhung des Insulinspiegels auszulösen. Das Weglassen der Milchprodukte ist damit eine Stellschraube für alle, bei denen es mit der Abnahme nicht mehr so recht weitergeht. Schwangerschaft und Stillzeit gehören sicher zu den wesentlichsten Veränderungen im Leben einer Frau. In dieser Zeit ist eine ausgewogene, gesunde Ernährung für Mutter und Kind enorm wichtig und für viele ein nachvollziehbares Anliegen. Ist moderates LCHF da die richtige Wahl? Unbedingt! Gerade Frauen, die unter Schwangerschaftsdiabetes leiden, profitieren enorm von der stabilisierenden Wirkung von LCHF auf den Blutzucker.

LCHF und die Familie

Ist der Nachwuchs erst einmal größer, stellt sich nicht selten die Frage, wie die gemeinsamen Mahlzeiten aussehen sollen. Prinzipiell gilt: Kohlenhydratreduzierte Ernährung tut allen gut! Für einen Teil der Familie LCHF zu kochen und für einen Teil nicht ist jedoch völlig unproblematisch, denn eine Beilage wie Reis, Nudeln oder Kartoffeln lässt sich ohne viel Aufwand nebenher zubereiten. Ein wenig aufpassen müssen Sie dann nur bei der Fettmenge, denn viele Kohlenhydrate und viel Fett könnte etwas zu viel des Guten sein für Ihre Familie. So kann es sinnvoll sein, Sauce und Butter separat zu servieren, sprich, Ihre kohlenhydratarme Portion erst bei Tisch mit etwas mehr Fett zu versehen.

Ein Wort noch zu Medikamenten. Sollten Sie insulinpflichtiger Diabetiker sein, kann es gut sein, dass Sie durch die Reduktion der Kohlenhydrate sehr schnell sehr viel weniger Insulin brauchen. Auch Ihr Blutdruck reguliert sich recht schnell. Sollten Sie bislang etwas gegen Bluthochdruck einnehmen, müssen Sie ggf. auch hier anpassen. Bitte wenden Sie sich an Ihren Arzt, um die richtige Dosierung Ihrer Medikamente zu besprechen. Generell kann es hilfreich sein, die Umstellung in Zusammenarbeit mit einem vertrauenswürdigen Arzt vorzunehmen.
Wie auch immer Sie Ihre Ernährungsumstellung gestalten, wie auch immer IHR Weg mit LCHF aussieht – ich wünsche Ihnen einen guten Start und ein genussvolles Erreichen Ihrer Ziele!

Das Überangebot von Zucker

Machen uns Nahrungsfette krank oder ist der Übeltäter womöglich der feine Geselle im weißen Gewand? Werfen wir einen Blick auf die gesellschaftsfähige Droge Zucker.

Zucker ist allgegenwärtig. Es gibt kaum ein verarbeitetes Lebensmittel, das nicht in irgendeiner Form Zucker (oder Zuckerersatz) enthält. Wurstwaren, Konserven, Fertiggerichte, Lightprodukte und natürlich, ganz offensichtlich, im Überangebot der Süßwaren selbst. Noch nicht einmal vor unseren Kleinsten wird haltgemacht: Selbst in manchen Produkten aus dem Bereich Babynahrung ist zugesetzter Zucker enthalten. Wer nicht bewusst aussteigt, ist schon früh gefangen in den Klauen der Zuckerindustrie.

Hätten wir einen maßvollen Umgang mit Zucker, wäre gegen den Genuss nichts einzuwenden, schließlich haben wir nicht umsonst einen Sinn für Süßes. Doch es kann wohl niemand mehr leugnen, dass wir ein ernsthaftes Problem mit der Menge an konsumiertem Zucker haben. Schon in jungen Jahren setzt bereits eine Gewöhnung ein. Dann kann aus der Gewöhnung ein Zwang werden und schließlich können wir nicht mehr ohne – eine Sucht ist entstanden.

Dazu kommt, dass Zucker tatsächlich ähnlich wirkt wie eine Droge, weil Zucker die Blut-Hirn-Schranke überwinden und im Belohnungszentrum eine Dopaminausschüttung Glücksgefühle auslösen kann. Wir fühlen uns wohl, konsumieren fröhlich Zucker und befinden uns schon bald in der Achterbahn eines schwankenden Blutzuckers, der seinerseits erneut Heißhunger auf Kohlenhydrate auslöst. Die Abstände werden immer kürzer, in denen wir Nachschub benötigen – Karies, Übergewicht, Diabetes und anderes mehr können die Folge sein.

Eine Zuckersucht entsteht

Zuckersucht ist ein ernst zu nehmendes Problem unserer Zeit. Wie jede andere Sucht ist auch die Zuckersucht letztlich zerstörerisch. Die klassischen Phasen einer Sucht treffen auf Zucker genauso zu wie auf Nikotin, Alkohol, Drogen und nicht stoffliche Süchte. Das wird verstärkt durch den doppelten Effekt von Gewöhnung und der Reaktion des Körpers auf Zucker. Zudem wird Zucker verharmlost, es wird allgemein nicht als süchtig machendes Lebensmittel bewertet. Wer bewusst auf Zucker verzichtet, wird nicht selten als überspannt dargestellt.

Wie können Sie erkennen, ob Sie zuckersüchtig sind? Es gibt eine Reihe von Fragen, die auch ich mir stellen musste. Es fing damit an, dass ich mir eingestehen musste, dass meine Gedanken ständig um Süßigkeiten kreisten. Wenn ich einmal anfing, Süßigkeiten zu essen, konnte ich nicht mehr aufhören: Kontrollverlust. Ich begann, die Süßigkeiten (aber auch andere »schnelle« Kohlenhydrate wie Chips) zu verstecken und sie dann heimlich zu essen. Oft hatte ich in Bezug auf mein Essverhalten ein schlechtes Gewissen, fühlte mich unwohl. Die Gier nach Süßem führte zu immer mehr Konsum, der mich letztlich doch nicht befriedigte.

Es gibt einen Ausweg!

Der einzige Ausweg ist für mich konsequenter Verzicht. Vergleichbar mit einem Alkoholiker kann ich der akuten Sucht nur entkommen, wenn ich den Stoff ohne Wenn und Aber meide. Das bezieht sich für mich auch auf Zuckerersatz, denn es ist schon allein der süße Geschmack, der mich triggert. Gar nicht triggert mich dagegen die natürliche Süße aus Beeren oder auch aus Wurzelgemüse – im Gegenteil, das ist für mich ein echter, unbeschwerter Genuss, völlig ohne schlechtes Gewissen.

Zu Beginn meiner Ernährungsumstellung wusste ich nicht einmal, dass es so etwas wie Zuckersucht gibt, geschweige denn, dass ich davon betroffen sein könnte. Ich wusste nur, dass ich ein gewaltiges Problem hatte. Mit dem Einlassen auf LCHF fiel automatisch der Zucker weg. Die ersten zwei Wochen waren hart – Entzugserscheinungen de luxe, würde ich heute sagen. Aber was danach passierte, war einfach nur eine Wohltat: es kehrte Ruhe ein! Mein ständiges Suchen nach Süßigkeiten, meine Heißhungerattacken auf fettig-süßes Knabberzeug verschwand. Stattdessen entwickelte sich ein ganz neues Verhältnis zum Essen. Statt unkontrolliert in mich hineinzustopfen, begann ich, Essen als etwas Notwendiges, aber höchst Genussvolles zu empfinden. Genuss ohne schlechtes Gewissen ist (wieder) möglich!

Vielleicht erkennen Sie sich in dem bisher Geschriebenen wieder. Vielleicht haben Sie bereits eine Ahnung, dass Zucker für Sie zum Problem geworden ist. LCHF kann dann eine Lösung für Sie sein, viele Menschen haben bereits davon profitiert! Übrigens, wenn Sie das Gefühl haben, alleine nicht klar zu kommen, dann zögern Sie nicht, professionelle Hilfe anzunehmen.

Auch wenn Sie nicht zuckersüchtig sind, ist es sinnvoll, sich über den hohen Zuckerkonsum in unserer Gesellschaft Gedanken zu machen. Wir meinen so oft, uns mit Zucker etwas Gutes zu tun. Wenn Sie mich fragen, ist das Gegenteil der Fall und wir sollten gemeinsam daran arbeiten, den Zuckerverbrauch pro Kopf wieder in »normale« Dimensionen zu bringen.

Meine LCHF-Küche

Vorhang auf für LCHF-Lieblingsrezepte, machen wir die Bühne frei für unbeschwerten Genuss! Hier kommen ein paar erprobte, alltagstaugliche Rezepte – viel Spaß beim Nachkochen!

Frühstück

Für viele gilt das Frühstück als die wichtigste Mahlzeit des Tages. Meist ist damit der Gedanke verbunden, dass eine gute Grundlage für den Tag gelegt werden soll. Wenn Sie gerne frühstücken, dann behalten Sie das einfach bei! Ich habe schon immer gern gefrühstückt, am liebsten Süßes. Inzwischen hat sich mein Geschmack derart verändert, dass ich lieber zu Herzhaftem am Morgen greife. Somit sind meine Mahlzeiten völlig austauschbar geworden, das macht das Leben herrlich unkompliziert.

Wenn Sie noch nie gern gefrühstückt haben, dürfen Sie sich jetzt entspannen, denn bei LCHF gilt das Prinzip: Wir essen, wenn wir Hunger haben, und nicht dann, »wenn es Zeit ist«. Denn unser Körper weiß, wann er Nachschub braucht, und zeigt uns das auch deutlich. Weil wir dann, wenn wir essen, das Richtige liefern, brauchen wir uns keine Gedanken mehr um die Uhrzeit zu machen. Werfen Sie doch trotzdem einen Blick auf die Frühstücksrezepte – vielleicht taugt das eine oder andere Rezept ja als »Spätstück«.

Besonders alltagstauglich und praktisch finde ich Gerichte, die schnell vorbereitet sind und dann fröhlich im Ofen schmoren. So hat man die Hände frei und kann schon mal die Küche aufräumen, ein Buch lesen oder ein kleines Workout zwischenschieben. Die Backofentemperaturen beziehen sich auf Ober- und Unterhitze.

« Herzhafte Oopsie-Sandwiches

Herzhafte Oopsie-Sandwiches

» Oopsies sind in der Low-Carb-Szene ein Klassiker. Die Kombination mit Käse, Rucola und Paprika ist unschlagbar.

gelingt leicht
Für 2 Portionen
25 Min. + 25 Min. Backzeit

3 Eier • 100 g Doppelrahmfrischkäse • Salz • ½ rote Paprika • 3 EL Butterschmalz • Pfeffer • 1 Handvoll Rucola • 50 g Bergkäse • 100 g Hüttenkäse

- Backofen auf 170 Grad (Umluft 150 Grad) vorheizen. Ein Backblech mit Backpapier auslegen.

- Eier trennen, Eiweiß sehr steif schlagen. Eigelb, Frischkäse und Salz verrühren. Eischnee unterheben. Den Teig in 4 Haufen auf das Backblech geben und etwa 25 Min. backen.

- Paprika waschen, putzen, würfeln und in 1 EL heißem Schmalz andünsten. Mit Salz und Pfeffer würzen. Rucola verlesen, waschen und abtropfen lassen. Bergkäse grob reiben.

- Fladen herausnehmen, zwei mit Hüttenkäse bestreichen, mit Rucola, Paprika und Käse belegen. Die übrigen Oopsies daraufsetzen, festdrücken und im restlichen heißen Schmalz von beiden Seiten je 2 Min. anbraten. Dabei fest andrücken, damit der Käse schmilzt.

Nährwerte pro Portion:
580 kcal • 48 g F • 6 g KH • 26 g EW • SR 1, 5

Quark-Auflauf

» Warmer Quark am Morgen, kombiniert mit Heidelbeeren, wird Sie lange satt und zufrieden machen! Die Garzeit im Backofen dauert etwas, aber ich liebe den Duft, der beim Backen durchs Haus zieht.

gelingt leicht
Für 2 Portionen
15 Min. + 25–30 Min. Backzeit

100 g Heidelbeeren, auch TK möglich • 2 Eier • 250 g Quark, 40 % Fett i. Tr. • 100 g Sahne • 1 Prise Salz • 1 TL Weinsteinbackpulver • ½ TL Vanille, gemahlen • optional: 1 TL Honig • 50 g Mandelblättchen • ½ TL Zimt • 1 EL Butter + etwas mehr zum Einfetten der Form

- Backofen auf 200 Grad (Umluft 180 Grad) vorheizen. Eine Auflaufform (25 cm Durchmesser) fetten. TK-Heidelbeeren auftauen.

- Eier trennen, Eiweiß steif schlagen. Eigelb mit Quark, Sahne, Salz, Backpulver und Vanille verrühren. Optional süßen. Eischnee vorsichtig unterheben.

- Quarkmasse in die Form füllen. Heidelbeeren darauf verteilen und auf mittlerer Schiene 25–30 Min. backen.

- Mandeln in einer Pfanne ohne Fett rösten. Zimt und Butter zugeben, schmelzen lassen. Über dem Auflauf verteilen und warm genießen.

Nährwerte pro Portion:
620 kcal • 52 g F • 9 g KH • 24 g EW • SR 1,58

Kerniges Müsli

» Morgens muss es bei Ihnen zackzack gehen? Dann bereiten Sie sich doch dieses Müsli am Wochenende auf Vorrat vor.

gut vorzubereiten
Für 10 Portionen à 60 g
10 Min. + 50 Min. Backzeit

100 g Mandeln • 100 g Paranusskerne • 100 g Walnüsse • 50 g Cashewkerne • 50 g Sonnenblumenkerne • 50 g Kokosraspel • 50 g Chiasamen • 100 ml Kokosöl • 2 TL Vanille, gemahlen • optional: 2 EL Honig

- Backofen auf 140 Grad (Umluft 120 Grad) vorheizen. Ein Backblech mit Backpapier auslegen.

- Alle Nüsse und Kerne zerkleinern. In eine Schüssel geben, Kokosraspel und Chiasamen zufügen. Kokosöl schmelzen lassen, zusammen mit Vanille und Honig zur Nussmischung geben. Auf dem Backblech ausbreiten. Auf mittlerer Schiene etwa 50 Min. backen, zwischendurch wenden.

- Müsli auskühlen lassen. In Vorratsbehälter füllen. Luftdicht verschlossen hält es sich etwa 2 Wochen.

Nährwerte pro Portion:
400 kcal • 37 g F • 5 g KH • 9 g EW • SR 2,64

Tipp: Der Klassiker zum Müsli ist Milch. Diese ist bei LCHF eher ungünstig – zu viele KH auf zu wenig Fett. Darum lieber zu Sahne oder Kokosmilch greifen und mit Beeren krönen.

Spinat-Papaya-Smoothie

» Die Meinungen über »flüssige Kalorien« gehen auseinander und manch einer wird durch das fehlende Kauen nicht richtig satt. Trotzdem – manchmal muss es morgens schnell gehen, dann ist ein Smoothie eine willkommene Alternative.

gelingt leicht
Für 2 Portionen
10 Min.

1 Papaya • 1 Avocado • 100 g Babyspinat • 100 g Kokosmilch • ca. 100 ml Wasser • optional: ½ TL gemahlene Vanille

- Papaya schälen, halbieren, Kerne entfernen, vierteln und ¼ des Fruchtfleisches (etwa 50 g) in Würfel schneiden (Rest siehe Tipp). Avocado halbieren, Kern entfernen, Fruchtfleisch aus der Schale heben und etwas zerkleinern. Babyspinat verlesen, waschen, trocken tupfen. Mit übrigen Zutaten in ein hohes Gefäß geben und pürieren.

- Je nach gewünschter Konsistenz noch etwas Wasser hinzufügen. Nach Wunsch mit Vanille abschmecken. Smoothie auf zwei Gläser verteilen.

Nährwerte pro Portion:
280 kcal • 25 g F • 8 g KH • 4 g EW • SR 2,08

Tipp: Die restliche Papaya können Sie würfeln, mit etwas Zitronensaft beträufeln und für später einfrieren. Alternativ können Sie auch Mango benutzen, diese hat jedoch etwas mehr Kohlenhydrate.

»Toad in the hole«

» England macht es uns vor – die Briten lieben ihr herzhaftes, fettiges Frühstück, das über Stunden satt hält. »Toad in the hole« ist ein Klassiker, den wir prima abwandeln können. Im Original werden Würstchen in eine Art Bett aus Pfannkuchenteig gelegt. Wir verwenden Quark und genießen dennoch very British.

preisgünstig
Für 2 Portionen
15 Min. + 30 Min. Backzeit

4 Bratwürste à 60 g • 1 EL Schweineschmalz • 4 Eier • 1 Prise Salz • 250 g Quark, 40 % Fett i.Tr. • 2 EL Sahne • 1 EL Flohsamenschalen • 1 TL Weinsteinbackpulver

- Backofen auf 200 Grad (Umluft 180 Grad) vorheizen.
- Bratwürste im heißen Schmalz von jeder Seite 2–3 Min. anbraten. In eine Auflaufform legen.
- Eier trennen, Eiweiß mit Salz sehr steif schlagen. Eigelb mit Quark, Sahne und den übrigen trockenen Zutaten mischen. Zum Schluss den Eischnee vorsichtig unterheben und den Teig rund um die Würstchen gießen. Im Ofen etwa 20 Min. backen, bis der Teig aufgegangen und goldbraun ist.

Nährwerte pro Portion:
810 kcal • 64 g F • 6 g KH • 47 g EW • SR 1,21

Tipp: Würstchen ohne Zusätze gibt es im Bio-Markt oder teilweise auch beim Metzger.

Pilzpfanne mit Speck

» Ein herzhaftes Frühstück für einen perfekten Start ins Wochenende! Wer mag, brät sich noch ein paar Spiegeleier oder ein Würstchen dazu. Alternativ kann die Pilzpfanne auch als Füllung für ein Omelett benutzt werden oder als Beilage zu Zucchininudeln.

gelingt leicht
Für 2 Portionen
20 Min.

400 g Champignons • 1 Zwiebel • 1 Knoblauchzehe • 4 Scheiben Schinken ohne Zusätze (z. B. Prosciutto di Parma) • 2 EL Kokosöl • 2 EL Doppelrahmfrischkäse • Salz • Pfeffer • 1 Handvoll frische Petersilie

- Champignons putzen und je nach Größe halbieren oder vierteln. Zwiebel und Knoblauch schälen, Zwiebel in Ringe schneiden und Knoblauch fein hacken.
- Schinken in einer Pfanne ohne Fett von beiden Seiten knusprig braten, herausnehmen und beiseitestellen. Öl in die Pfanne geben und Champignons, Zwiebel und Knoblauch darin anbraten. Bei mittlerer Hitze etwa 4 Min. garen lassen.
- Frischkäse zu den Pilzen geben, mit Salz und Pfeffer abschmecken. Vor dem Servieren Schinken über die Pilze legen und mit gehackter Petersilie bestreuen.

Nährwerte pro Portion:
270 kcal • 21 g F • 4 g KH • 15 g EW • SR 1,11

Pilzpfanne mit Speck »

Fette

Dem Nahrungsfett kommt bei LCHF eine besondere Bedeutung zu. Mit der richtigen Auswahl an Fetten tun wir unserer Gesundheit etwas ausgesprochen Gutes. Denn Fett ist der entscheidende Baustoff jeder Zelle: Ohne Fett wäre kein Leben möglich!

Was kann Fett sonst noch für uns tun?

Kommen wir auf das Naheliegende zuerst: Fett schmeckt! Dabei ist es vermutlich nicht das Fett selbst, was wir schmecken, denn es ist weitestgehend geschmacksneutral. Vielmehr ist es so, dass Fett geschmacksverstärkend wirkt. Manche Aromen in unseren Lebensmitteln werden nur mithilfe von Fett gelöst und erst durch Fett ergibt sich eine Vielfalt an Aromen, die sich zu einem unvergleichlichen Geschmackserlebnis verbinden. Probieren Sie einmal einen Ultra-light-Quark mit 0,1% Fettanteil und vergleichen Sie ihn mit einem vollfetten Quark mit 40% Fett i.Tr. und Sie werden wissen, was ich meine.

Fett löst Vitamine, und zwar die Vitamine A, D, E und K. Eine Möhre beispielsweise, die sie ohne Zugabe von Fett genießen, wird Ihnen hinsichtlich ihres Vitamin-A-Gehalts nichts nützen.

Fett stützt das zentrale Nervensystem. Dass Schokolade als Nervennahrung gilt, ist eine gemeine Sache. Teilweise stimmt es sicherlich, denn der enthaltene Zucker wirkt kurzfristig wie eine stimmungsaufhellende Droge. Nachhaltig und langfristig wirkt Schokolade leider nicht – gesundes Fett dagegen schon, denn es isoliert und stützt sämtliche Nervenzellen und sorgt für eine reibungslose Kommunikation der Nervenzellen untereinander. »Nerven wie Drahtseile« bekommen Sie nicht durch Zucker, sondern durch Fett.

Worin unterscheiden sich Fettsäuren?

Jede Fettsäure besteht aus einer Kette von Kohlenstoffatomen und hat eine individuelle Länge. Je nachdem, wie die Kohlenstoffatome miteinander verbunden sind, ob sie z. B. gradlinig oder gekrümmt aneinandergereiht sind, spricht man von gesättigten, einfach ungesättigten und mehrfach ungesättigten Fettsäuren. Gesättigte Fettsäuren kommen hauptsächlich in tierischen Produkten vor, pflanzliche Fette enthalten dagegen eher ungesättigte Fette. Eine Ausnahme bilden Kokos- und Palmfett, denn diese enthalten fast ausschließlich gesättigte Fettsäuren. Gesättigte Fette sind bei Zimmertemperatur in der Regel fest, während ungesättigte Fette eher flüssig sind. Die meisten fetthaltigen Lebensmittel enthalten eine Mischung aus verschiedenen Fettsäuren. Bestes Beispiel sind tierische Produkte: Sie enthalten bei Weitem nicht nur gesättigte Fettsäuren, sondern auch ungesättigte.

Wir brauchen übrigens alle Arten von Fett – die gesättigten ebenso wie die ungesättigten. Ideal ist es, eine Auswahl an Fetten in der Küche zu haben und diese gleichmäßig zu verbrauchen.

Omega 6 und Omega 3 Nicht alle Fettsäuren sind essenziell – das heißt, nicht alle müssen von außen über die Nahrung zugeführt, sondern können vom Körper selbst hergestellt werden. Die Ausnahme bilden Omega 6 und Omega 3, die in mehrfach ungesättigten Fettsäuren zu finden sind.

Beide Fettsäuren sind in gleichem Maße wichtig für uns, obwohl sie völlig gegensätzlich wirken: Während Omega 3 entzündungshemmend wirkt und Regenerationsprozesse vorantreibt, fördert Omega 6 die Entzündungen. Solange beide Fettsäuren in einem ausgewogenen Verhältnis mit der Nahrung aufgenommen werden, ist alles prima. Das optimale Verhältnis beträgt 1 : 1 bis maximal 4 : 1 (Omega 6 zu Omega 3). In unserer modernen Ernährung ist das Omega 6 jedoch weitaus häufiger enthalten, meist ist das Verhältnis bei 15 : 1. Das ist gleich doppelt ungünstig, da beide Fettsäuren die gleichen Enzyme brauchen, um wirksam zu werden. Ist das Omega 6 in der Überzahl, verdrängt es das Omega 3 und eine Entzündungsproblematik ist vorprogrammiert. Mit LCHF und der richtigen Auswahl an Fetten und Ölen ist dieses Problem aber bald Geschichte.

Hinsichtlich ihres guten Verhältnisses von Omega 6 : Omega 3 sind beispielsweise Raps- und Leinöl empfehlenswert. Auch Olivenöl hat ein tolerierbares Verhältnis. Dagegen sind Distel- und Sonnenblumenöl nicht geeignet, beide enthalten mehr als das Hundertfache an Omega-6-Säuren im Gegensatz zu Omega 3. Nicht zu toppen ist Fisch: Nahezu alle Arten haben ein positives Fettsäureprofil, bei dem der Omega-3-Anteil deutlich überwiegt und damit einen Ausgleich zu anderen Lebensmitteln bietet, die mehr Omega 6 enthalten als Omega 3.

Schlechte Fette

Ja, es gibt sie, schlechte Fette, vor denen wir uns tatsächlich fürchten sollten. Wirklich übel sind sogenannte Transfette, die entstehen, wenn ein Fett zu hoch erhitzt (beispielsweise beim Frittieren) oder industriell gehärtet wird. Beides passiert häufig bei fettigen Backwaren, Fertiggerichten und Frittiertem wie Pommes und Co. Transfette stehen im Verdacht, Entzündungsprozesse zu beschleunigen und das Immunsystem zu schädigen. Auch Alzheimer und Demenz werden mit Transfetten in Verbindung gebracht.

Raffinierte Öle, und damit einige der hoch gelobten Pflanzenöle – wie Sonnenblumen- oder Distelöl, inkl. der Margarine, die daraus hergestellt wird – gehören ebenfalls zu den Bösewichten. Um die in den Samen und Kapseln der jeweiligen Pflanzen enthaltenen Fettsäuren überhaupt brauchbar zu machen, sind starke chemische Prozesse notwendig. Was am Ende dabei herauskommt, hat mit Natürlichkeit nichts mehr zu tun und eignet sich bestenfalls noch als Schmierstoff für quietschende Türen.

Gute Fette

Wenden wir uns daher lieber den guten Fetten zu und schauen uns an, welche wir bei LCHF bevorzugt benutzen.

Butter und Butterschmalz Butter ist gekennzeichnet durch einen feinen Geschmack und cremige Konsistenz. Das macht sie zum Allrounder in der Küche, passt sie sich doch nahezu jedem Gericht an. Butter besteht zu 50 % aus gesättigten Fettsäuren. Wenn Sie zu Butter von Kühen aus Weidehaltung greifen, dann weisen die verbleibenden ungesättigten Fettsäuren ein gutes Omega-6:Omega-3-Verhältnis auf. Butter sollte nicht über 100 Grad erhitzt werden, weil das enthaltene Eiweiß sonst verbrennt. Zum Anbraten eignet sich dagegen Butterschmalz oder Ghee, das ist geklärte Butter, der das Milcheiweiß entzogen wurde.

Schmalz und Talg Schwein, Gans oder Rind liefern uns herzhaftes Fett, das sich bestens zum Frittieren und Braten eignet. Auch hier gilt: Setzen Sie auf Fette von Tieren aus Weidehaltung und profitieren Sie von der besseren Zusammensetzung der enthaltenen Fettsäuren.

Olivenöl Natives, kalt gepresstes Olivenöl gehört in jede Küche. Es ist reich an ungesättigten Fettsäuren und eignet sich hervorragend für die Verwendung in Dressings oder Ofengerichten. Olivenöl durchläuft bei der Pressung, sofern es nativ ist, keine nennenswerte chemische Veränderung und ist daher ein natürliches, gesundes Öl, das neben den Fettsäuren auch andere positive Inhaltsstoffe liefert. Es enthält allerdings 8 Mal so viel Omega 6 wie Omega 3 und sollte daher in Kombination mit guten Omega-3-Quellen, wie beispielsweise Fisch, verzehrt werden.

Lein- und Rapsöl Sofern sie nativ, kalt gepresst sind, liefern beide Öle gute ungesättigte Fettsäuren und haben ein ausgezeichnetes Omega-6:Omega-3-Profil. Allerdings ist Leinöl sehr empfindlich und ausschließlich für die kalte Küche geeignet – es oxidiert bei Sauerstoffzufuhr leicht. Besser in kleinen Flaschen kaufen, kühl und dunkel lagern und nach Anbruch zügig verbrauchen.

Kokosöl Natives kalt gepresstes Kokosfett oder Kokosöl (bitte nicht verwechseln mit gehärtetem Kokosfett wie Palmin) nimmt bei LCHF eine besondere Stellung ein. Es besteht zu 90 % aus gesättigten Fettsäuren, kann daher hoch erhitzt werden und eignet sich bestens zum Anbraten. Die Fettsäuren bleiben auch bei großer Hitze stabil und die Entstehung von Transfetten wird vermieden. Dennoch sollte man es auch hier nicht übertreiben – rauchendes Fett gehört entsorgt und sollte nicht mehr weiterverwendet werden. Kokosöl ist lange haltbar. Bei Zimmertemperatur ist es fest, ab etwa 25 Grad wird es flüssig.

Kokosöl nimmt in der Low-Carb-Szene eine besondere Stellung ein. Das liegt an den zu ⅔ enthaltenen mittelkettigen Fettsäuren, die positive gesundheitliche Effekte haben und maßgeblich zur Energieversorung durch Fett beitragen: Kokosöl verwandelt sich rasch in Ketone. Wer eine ketogene Ernährung anstrebt, findet also im Kokosöl einen starken Verbündeten! Beliebt ist daher der sogenannte Bullet-Proof-Coffee, für den Kokosöl mit Kaffee verquirlt wird. Klingt zunächst merkwürdig, ist aber ein leckeres Getränk.

Da Kokosöl keinen nennenswerten Mengen an Omega-3-Fettsäuren liefert, sollte es nie das einzige Öl in der Küche sein!

Knäckebrot

» Ähnlich wie die Oopsies ist auch Knäckebrot inzwischen ein echter Klassiker in der Low-Carb-Szene. Es lässt sich beliebig variieren, von herzhaft bis süß.

gut vorzubereiten
Für 12 Stück
10 Min. + 75 Min. Backzeit

3 EL Kokosöl • 50 g Sesam • 100 g Sonnenblumenkerne • 25 g Leinsamen, geschrotet • 25 g Kürbiskerne • 2 EL Flohsamenschalen • ½ TL Salz • ½ TL Pizza- oder Brotgewürz • 2 EL Parmesan, gerieben

- Backofen auf 150 Grad (Umluft 130 Grad) vorheizen. Ein Backblech mit Backpapier auslegen.
- 250 ml Wasser aufkochen und Kokosöl zugeben. Alle Körner und Gewürze mischen und mit dem heißen Fett-Wasser übergießen, 5 Min. quellen lassen.
- Teig auf dem Backblech glatt verstreichen und mit dem Messer 12 Stücke vorschneiden. Die Messerstriche gehen beim Backen weg, aber das Knäcke lässt sich leichter in Stücke brechen.
- Knäcke auf mittlerer Schiene etwa 75 Min. backen, nach 30 Min. Backzeit Parmesan darauf verteilen. Gut abkühlen lassen, bevor es verstaut wird.

Nährwerte pro Portion:
110 kcal • 9 g F • 3 g KH • 4 g EW • SR 1,29

Warme Papaya-Mascarpone-Boote

» Wer bisher gerne Süßes zum Frühstück hatte, der wird sich über diese fruchtige Idee, Papaya kombiniert mit sättigendem Mascarpone, freuen. Die Zubereitung ist unkompliziert und schnell gemacht – während die Papaya im Backofen gart, bleibt Zeit für die restliche Morgenroutine!

geht schnell
Für 2 Portionen
10 Min. + 30 Min. Backzeit

1 kleine Papaya (ca. 300 g) • 100 g Mascarpone • 1 EL Zitronensaft • 1 Msp. gemahlene Vanille • 1 Msp. Zimt • optional: etwas Honig • 1 Handvoll Himbeeren

- Backofen auf 200 Grad (Umluft 180 Grad) vorheizen. Ein Backblech mit Backpapier auslegen.
- Papaya waschen, der Länge nach halbieren, Kerne entfernen und Hälften mit der Schnittfläche nach oben auf das Backblech legen.
- Mascarpone mit Zitronensaft, Vanille und Zimt mischen, optional mit Honig abschmecken. Mischung auf die Papaya geben. Himbeeren waschen, auf den Papaya-Hälften verteilen und für etwa 30 Min. im Backofen garen. Zum Servieren die Papaya-Hälften auf Teller setzen und aus der Schale löffeln.

Nährwerte pro Portion:
260 kcal • 21 g F • 13 g KH • 3 g EW • SR 1,31

Warme Papaya-Mascarpone-Boote »

Mandel-Mohn-Brötchen

» Ein wenig Weihnachtsduft liegt in der Luft, wenn Sie diese Brötchen aus dem Ofen ziehen. Noch warm mit Butter bestrichen schmecken sie köstlich – so gut, dass ich sie zu besonderen Gelegenheiten auch ganz ohne Weihnachten backe.

gelingt leicht
Für etwa 10 Brötchen
15 Min. + 40 Min. Backzeit

200 g Mandeln, blanchiert, gemahlen • 50 g Mohn • 50 g gemahlene Flohsamenschalen (z. B. von FiberHusk) • 1 TL Weinsteinbackpulver • 1 TL Vanille, gemahlen • 1 Prise Salz • 1 Msp. Nelke, gemahlen • 1 TL Zimt • 150 ml heißes Wasser • 100 g weiche Butter • 4 Eier

- Backofen auf 160 Grad (Umluft 140 Grad) vorheizen. Ein Backblech mit Backpapier auslegen.
- Alle trockenen Zutaten in einer Rührschüssel mischen. Heißes Wasser zufügen und mit dem Handrührgerät (Knethaken) gründlich rühren. Butter in Stücke schneiden. Eier und Butter zufügen, alles zu einem glatten Teig verarbeiten.
- Aus dem Teig 10 Brötchen formen, auf das Backblech geben und auf mittlerer Schiene etwa 40 Min. backen. Mit einem Holzstab die Garprobe machen. Bleibt kein Teig am Stab kleben, sind die Brötchen fertig.

Nährwerte pro Portion:
260 kcal • 23 g F • 2 g KH • 9 g EW • SR 2,09

Kohlrabi-Paprika-Tortilla

» Die klassische Tortilla wird mit Kartoffeln zubereitet. Kohlrabi ist ein toller Ersatz. Sollten Sie Nicht-LCHFler am Tisch haben, können Sie auch zwei Tortillas zubereiten und statt Kohlrabi Kartoffeln benutzen.

preisgünstig
Für 2 Portionen
15 Min. + 20 Min. Backzeit

300 g Kohlrabi • Salz • ½ gelbe Paprika • 1 Lauchzwiebel • 2 EL Butterschmalz • Pfeffer • 1 Knoblauchzehe • 4 Eier • 200 g Sahne • Muskat • optional: 50 g Hartkäse

- Backofen auf 180 Grad (Umluft 160 Grad) vorheizen. Kohlrabi schälen, in etwa 0,5 cm dicke Scheiben schneiden und in kochendem Salzwasser 5 Min. bissfest garen. Abgießen.
- Gemüse waschen, putzen und würfeln bzw. in Ringe schneiden und im heißen Schmalz in einer backofenfesten Pfanne anbraten. Kohlrabi zufügen und kurz mitbraten. Mit Salz und Pfeffer würzen.
- Knoblauchzehe schälen und pressen. Eier mit Sahne, Gewürzen und Knoblauch verquirlen und über die Masse geben. Wer mag, gibt zum Schluss noch geriebenen Hartkäse darüber. Im Ofen etwa 20 Min. stocken lassen.

Nährwerte pro Portion:
645 kcal • 54 g F • 14 g KH • 21 g EW • SR 1,54

Mandel-Möhren-Porridge

» Oft werde ich gefragt, was ich denn ohne Milchprodukte frühstücke. Dieser Porridge ist nur eine von vielen Möglichkeiten. Er hält mich lange satt und schmeckt mir sehr gut. Porridge wird in der Regel mit Haferflocken gemacht, wir nehmen stattdessen Mandeln.

geht schnell, laktosefrei
Für 2 Portionen
15 Min.

1 kleine Möhre • 200 ml Kokosmilch • 100 g Mandeln, gemahlen • 2 Eier • 1 Msp. Zimt, gemahlen • optional: etwas Honig • 50 g Heidelbeeren • 2 EL Kokosöl

- Möhre gründlich waschen, Enden kappen und mit Schale grob raspeln. Kokosmilch und Mandeln aufkochen lassen, Hitze reduzieren.

- Möhre zur Kokosmilch geben und gut 5 Min. sanft köcheln lassen.

- Eier aufschlagen und unter das Porridge ziehen. Unter Rühren weitere 3 Min. köcheln lassen. Mit Zimt und optional Honig abschmecken. Beeren unterheben, Kokosöl über dem Porridge zerlaufen lassen und warm servieren.

Nährwerte pro Portion:
595 kcal • 51 g F • 9 g KH • 21 g EW • SR 1,7

Tipp: Kokosmilch kann ohne Weiteres gegen Sahne ausgetauscht werden und Kokosfett gegen Butter!

Frühstücks-Muffins

» Ob zum Frühstück, zum Kaffee oder fürs Picknick – diese Muffins sind unkompliziert gemacht und fruchtig-leicht im Geschmack. Schmecken besonders gut mit Sahne oder wie Brötchen mit Butter, Frischkäse und Erdbeeren.

gut vorzubereiten
Für 12 Muffins
25 Min. + 40 Min. Backzeit

1 Pastinake (ca. 150 g) • 1 Möhre (ca. 150 g) • 100 g Paranüsse • 50 g Kokosraspel • 10 g Flohsamenschalen • 1 TL Weinsteinbackpulver • 1 Prise Salz • 1 TL Zimt, gemahlen • 4 Eier • 100 g weiche Butter • 1 EL Honig

- Backofen auf 160 Grad (Umluft 160 Grad, dann verringert sich die Backzeit auf ca. 30 Min.) vorheizen. Ein Muffinblech mit Papierförmchen auslegen.

- Gemüse schälen und raspeln. Paranüsse in einer Küchenmaschine mahlen oder fein hacken. Paranüsse, Kokosraspel, Flohsamenschalen, Backpulver und Gewürze verrühren. Restliche Zutaten dazugeben und zu einem glatten Teig verarbeiten. Der Teig soll locker vom Löffel rutschen; falls er zu fest ist, etwas Sahne zugeben. Auf die Muffinförmchen verteilen. Im Ofen etwa 30 Min. backen.

Nährwerte pro Portion:
190 kcal • 17 g F • 4 g KH • 4 g EW • SR 2,13

»To go«

Ständig unterwegs?
Wer kennt es nicht, Termin jagt Termin, der Zeitdruck sitzt uns im Nacken und eine vernünftige Pause bleibt auf der Strecke. Wer berufstätig ist, kann sich selten den Luxus eines frisch gekochten Mittagessens gönnen. Bleibt die Frage nach Alternativen – und LCHF hat auch tolle Antworten. Mit den »To go«-Rezepten möchte ich Sie inspirieren, wie Sie ohne viel Aufwand Ihre Lunchbox mit feinen LCHF-Köstlichkeiten füllen!

« Thunfisch Wrap

Thunfisch-Wrap

»Wraps bekommt mein Mann regelmäßig mit zur Arbeit – sie sind schnell gemacht und schmecken auch kalt. Darüber hinaus sind sie sehr sättigend und nahrhaft. Wenn Sie den Wrap in einen Bogen Brot- oder Backpapier einschlagen, brauchen Sie nicht einmal Messer und Gabel in der Mittagspause.

preisgünstig
Für 2 Portionen
30 Min. + 10 Min. für die Remoulade

Für die Wraps:
- 100 g Gouda
- 125 g Quark, 40 % Fett i.Tr.
- 2 Eier
- Salz

Für die Füllung:
- ½ Salatgurke
- 1 Tomate
- 1 Schalotte
- ½ Dose Thunfisch im eigenen Saft
- 4 EL Remoulade (Seite 129)
- Salz
- Pfeffer

- Backofen auf 220 Grad (Umluft 200 Grad) vorheizen. Ein Backblech mit Backpapier belegen.

- Käse reiben und mit Quark, Eiern und Salz zu einem Teig verarbeiten. Auf dem Backblech verteilen, glatt streichen und im Ofen auf mittlerer Schiene 20 Min. backen.

- In der Zwischenzeit Gurke schälen, Tomate waschen und beides in kleine Würfel schneiden. Schalotte schälen und fein hacken. Thunfisch abtropfen lassen und etwas zerpflücken. Vorbereitete Zutaten in eine Schüssel geben, mit Remoulade mischen und mit Salz und Pfeffer würzen.

- Wrap herausnehmen und abkühlen lassen. Füllung mittig auf den Wrap geben und von der langen Seite her einrollen. Halbieren und nach Wunsch in Brotpapier einwickeln, einpacken und auf die Mittagspause freuen.

Nährwerte pro Portion:
640 kcal • 48 g F • 8 g KH • 40 g EW • SR 1

Spinat-Lachs-Eier-Muffins

» Diese Muffins schmecken auch kalt und eignen sich daher perfekt zum Mitnehmen. Optional kann die Masse in einer Auflaufform gebacken werden. Die Garzeit verlängert sich dann um 5 Minuten.

gelingt leicht
Für 4 Portionen
20 Min. + 15 Min. Backzeit

100 g Spinat, frisch oder TK, vorher auftauen lassen • 1/2 Stange Lauch • 1 Zwiebel • 100 g Cheddar • 3 EL Olivenöl oder Butter • 8 Eier • Salz • Pfeffer • 100 g Räucherlachs

- Backofen auf 190 Grad (Umluft 170 Grad) vorheizen. Muffinblech mit 12 Papierförmchen auslegen.
- Spinat verlesen, waschen. Lauch waschen, putzen und in Ringe schneiden. Zwiebel schälen und würfeln. Käse reiben. Spinat im heißen Fett anbraten und auf kleiner Stufe gar ziehen lassen.
- Eier mit 1 Prise Salz und Pfeffer schaumig rühren. Vorbereitete Zutaten unterrühren. Teig in 12 Muffinförmchen füllen. Lachs in kleine Stücke schneiden und auf die Muffins verteilen.
- Auf mittlerer Schiene 15 Min. backen, bis jeweils die Mitte des Muffins fest ist.

Das passt dazu: ein grüner Salat für alle!

Nährwerte pro Portion:
400 kcal • 30 g F • 4 g KH • 26 g EW • SR 1

Schichtsalat auf Griechisch

» Für diesen Salat eignen sich Bügelgläser mit ca. 1 l Fassungsvermögen. Er braucht Zeit, um durchzuziehen – perfekt, um ihn abends vorzubereiten und am nächsten Tag mitzunehmen.

gut vorzubereiten
Für 2 Portionen
20 Min. + 10 Min. für das Tsatsiki

2 Portionen Tsatsiki (Seite 126) • 200 g Hackfleisch, gemischt • 2 EL Butterschmalz • 1 TL Gyrosgewürzmischung (glutenfrei, z. B. von Wagner) • 1/4 Eisbergsalat • 1 Schalotte • 1 Tomate • 1/2 Salatgurke • 1/2 gelbe Paprika • 50 g Feta

- Tsatsiki zubereiten. Hackfleisch im heißen Butterschmalz anbraten und mit der Gyrosgewürzmischung würzen.
- Vom Eisbergsalat die äußeren Blätter und den Strunk entfernen, den Rest in feine Streifen schneiden. Schalotte schälen, halbieren und in Scheiben schneiden. Tomate, Gurke und Paprika waschen, putzen und würfeln. Feta abtropfen lassen und würfeln.
- Alle Zutaten abwechselnd in zwei Gläser oder eine Schüssel schichten, mit Tsatsiki abschließen. Vor dem Essen durchmischen.

Das passt dazu: Fladenbrot für die Familie

Nährwerte pro Portion:
580 kcal • 43 g F • 14 g KH • 30 g EW • SR 0,98

Tipp: Wer mag, fügt noch eine Schicht Krautsalat dazu.

Mediterrane Gemüseplatte

» Zugegeben, Fingerfood ist das nun nicht gerade. Aber wer unterwegs über Messer und Gabel verfügt, kann sich dieses herrlich marinierte Gemüse in die Lunchbox packen. Wenn noch ein Stück Fleisch vom Vorabend übrig ist, einfach auch einpacken und schon ist sie fertig, die optimale LCHF-Mahlzeit!

gut vorzubereiten
Für 2 Portionen
20 Min. + 30 Min. Marinierzeit

½ Zwiebel • ½ gelbe Paprika • 1 Zucchini • 1 Aubergine • 6 EL Olivenöl • Salz • Pfeffer • 2 EL Zitronensaft • 1 Knoblauchzehe • 1 EL italienische Kräuter

- Zwiebel schälen und klein schneiden. Das übrige Gemüse waschen und putzen. Paprika in Streifen schneiden, Zucchini und Aubergine halbieren und in etwa 0,5 cm dicke Scheiben schneiden.
- Gemüse mit je 1 EL Öl portionsweise in einer Pfanne anbraten und in eine geeignete Vorratsschale geben. Mit Salz und Pfeffer würzen.
- Restliches Olivenöl mit Zitronensaft verrühren. Knoblauch schälen und dazupressen. Kräuter unterrühren. Marinade über das Gemüse geben. Mindestens 30 Min. ziehen lassen.

Nährwerte pro Portion:
325 kcal • 28 g F • 11 g KH • 5 g EW • SR 1,75

Babyspinat mit Ziegenkäse

» Frischer Babyspinat eignet sich prima für die kalte Küche. In Kombination mit aromatischem Ziegenfrischkäse, süßlicher Roter Bete und einem fruchtigen Sanddorn-Dressing ein echtes Geschmackserlebnis. Wenn Sie das Dressing separat verstauen, eignet sich der Salat auch prima für die Lunchbox.

geht schnell
Für 2 Portionen
15 Min.

100 g frischer Babyspinat • 2 Lauchzwiebeln • 100 g Rote Bete, vorgekocht, vakuumverpackt, ohne Zucker • 1 große Rolle Ziegenfrischkäse (150 g), 45 % Fett i. Tr. • 4 EL Sanddornsaft (z. B. von Alnavit von Rewe) • 2 EL Olivenöl • 1 TL Honig • Salz • Pfeffer

- Spinat verlesen, waschen, abtropfen lassen und auf 2 Teller verteilen. Lauchzwiebeln waschen, putzen, in feine Ringe schneiden und auf den Babyspinat geben. Rote Bete würfeln. Ziegenfrischkäserolle in etwa 1 cm breite Scheiben schneiden. Beides auf die Teller verteilen.
- Für das Dressing Sanddornsaft, Olivenöl und Honig vermischen, mit Salz und Pfeffer abschmecken und über den Salat geben.

Nährwerte pro Portion:
345 kcal • 26 g F • 10 g KH • 15 g EW • SR 1,04

Babyspinat mit Ziegenkäse »

Tipps für unterwegs

Ist LCHF auch außerhalb der eigenen 4 Wände möglich? Aber klar doch! Mit ein paar Tipps werden Sie schwierige Situationen ganz sicher gut meistern.

Vielleicht haben Sie ein wenig die Befürchtung, für den Rest Ihres Lebens als Eremit unter all den High-Carblern Ihr kohlenhydratarmes Dasein zu fristen … Keine Sorge! Natürlich ist es am Anfang etwas schwierig, es ist viel zu überlegen und zu bedenken. Aber mit der Zeit kommt die Routine, auch in Sachen Einladungen und Co. Vielleicht helfen Ihnen ein paar der folgenden Tipps, die schwierigsten Klippen von Anfang an zu umschiffen.

Einladung bei Freunden

Wie sag ich's meinen Freunden? Das war für mich die größte Hürde, denn nach unzähligen Diäten fühlte ich mich ohnehin unglaubwürdig. Wie würden sie reagieren, wenn ich wieder mit etwas Neuem ankäme? Ich entschied mich für Ehrlichkeit und erklärte meist schon im Vorfeld, was ich essen könnte und was nicht. Ganz klar hilft mir dabei auch, dass ich Weizen/Gluten und Milchprodukte wirklich nicht mehr vertrage. Ich reagiere mit Bauchschmerzen auf diese Lebensmittel, und für Unverträglichkeiten hat bisher jeder Verständnis. Meiner Erfahrung nach können die meisten Gastgeber besser mit klaren Aussagen im Vorfeld umgehen, als wenn nachher die Hälfte des liebevoll zubereiteten Essens stehen gelassen wird. Manchmal passt es auch, selbst etwas zum Buffet beizusteuern. Wobei Sie aufpassen sollten, dass Ihnen selbst noch etwas übrig bleibt.

Auswärts essen

Restaurantbesuche sind wirklich überhaupt kein Problem – sofern Sie den Mut haben, klar Ihre Wünsche zu formulieren. In einem guten Restaurant werden Sie ohne Probleme kohlenhydratreiche Beilagen abbestellen können. Lassen Sie sich stattdessen einen Beilagensalat bringen und bitten Sie ggf. um etwas Öl, damit Sie Ihr Dressing bei Bedarf zuckerfrei selbst anrühren können. Selbst Fast Food ist kein Problem, inzwischen stellen sogar die großen Ketten auf Burger ohne Brot um. Bedenken Sie nur, dass die meisten Soßen Fertigprodukte sind und entsprechende Zusätze haben. Auch Gluten ist in vielen Fällen enthalten. Zu jeder Speisekarte gibt es aber eine Übersicht der Zusätze und meist sind auch hier Sonderbestellungen (etwa gluten- oder laktosefrei) möglich. Das

Servicepersonal ist auf solche Fragen und Sonderwünsche eingestellt.

Im Café

Was tun, wenn alle ein Eis essen oder einen Kuchen zum Kaffee genießen? Genießen Sie auch, aber auf LCHF-Art! Sahne ist in Cafés meist ungesüßt (weil sonst die Maschinen verstopfen), ein einfacher Kaffee lässt sich also prima mit einer Portion Sahne verfeinern. Im Eiscafé könnten Sie sich einen Erdbeerbecher bestellen – ohne Eis und gezuckerte Soße, versteht sich, dafür aber mit Sahne.

Unterwegs

Schnell mal eben beim Bäcker reinspringen und ein belegtes Brötchen kaufen ist eine feine Sache, keine Frage. Anfangs war es schwer für mich, da entsprechenden Ersatz zu finden. Was immer geht, sind ein paar Nüsse, im Ausnahmefall auch einmal eine geräucherte Wurst oder, wer es verträgt, auch ein Stück Käse. Damit lassen sich ein paar Stunden überbrücken bis zur nächsten Mahlzeit.

Für den Notfall

Es gibt sie, die Tage, an denen alles anders läuft als geplant. Für diese Tage ist ein Notfallpaket hilfreich. Nüsse, ein hart gekochtes Ei und eine kleine Flasche Wasser passen sogar in die Handtasche. Übrigens ist es oft auch Durst, den wir mit Hunger verwechseln. Manchmal hilft schlicht Wasser, um dem vermeintlichen »Hunger« zu entkommen.

Ausnahmen

Natürlich gibt es auch immer die Möglichkeit, mal eine Ausnahme zu machen. Kohlenhydrate sind nicht DER Feind und sollten auch nicht als solcher behandelt werden. Dennoch sollten Sie Ausnahmen wirklich als solche betrachten: Situationen, die selten vorkommen, eben ausnahmsweise.

Für die ersten sechs Wochen empfehle ich Ihnen, sich vollständig auf die neue Ernährung einzulassen und möglichst keine Ausnahmen zu machen. Das erleichtert die Umstellung und schult Ihren Geschmackssinn. Wer gesundheitlich stark angeschlagen ist, gegen massives Übergewicht kämpft oder seine Zuckersucht beherrschen möchte, der profitiert am stärksten von nachhaltiger Konsequenz. Das ist eine Herausforderung – aber eine, die anzunehmen sich lohnt!

Urlaub

Zugegeben, der All-Inclusive Urlaub ist für manchen schon eine Stolperfalle geworden. Wer 3 Wochen Hotel mit Vollverpflegung bucht, wird es unter Umständen schwer haben sich dort LCHF zu ernähren. Das kann dann eine bewusste Ausnahme werden, und dagegen ist auch nichts einzuwenden. Jedoch – der Wiedereinstieg nach einem Urlaub ist schon manchem sehr schwer gefallen. Wenn Sie schon ahnen, dass Ihnen 3 Wochen »Ausnahme« nicht guttun, sollten Sie vor der Urlaubsplanung schauen, ob das Hotel z. B. Buffets anbietet oder zumindest mehrere Menüs zur Auswahl. Gerade bei Buffets lässt sich meist problemlos eine geeignete Mahlzeit zusammenstellen.

Wer dagegen im Urlaub Selbstversorger ist, auf dem Campingplatz oder in der Ferienwohnung, hat in der Regel überhaupt keine Probleme, sich weiterhin LCHF zu ernähren. Gemüse, Fleisch und Fisch gibt es schließlich überall wo Menschen Urlaub machen.

Gefüllte Omelettes

» Neben Wrap ist Omelett der Klassiker in unserer Küche. Es eignet sich optimal zur Resteverwertung von Überbleibseln einer Grillparty (Fleisch, Tomate/Mozzarella, Krautsalat) oder einer Gemüsepfanne.

preisgünstig
Für 2 Portionen
⏲ 20 Min.

6 Eier • 4 EL Sahne • 1 Prise Salz • 2 EL Butterschmalz • 250 g Champignons • 1 Schalotte • 1 EL Butterschmalz • 100 g Frischkäse

• Eier, Sahne und Salz verquirlen. 1 EL Schmalz in einer Pfanne erhitzen, halbe Teigmenge hineingeben und kurz bei höchster Stufe erhitzen. Dann bei mittlerer Hitze stocken lassen, bis das Omelett an der Oberseite trocken aussieht. Erst dann wenden und auch die zweite Seite goldbraun backen. Herausnehmen und auf einen Teller geben. Mit der zweiten Teighälfte ebenso verfahren.

• Champignons putzen und in Scheiben schneiden. Schalotte schälen und würfeln. In heißem Butterschmalz anbraten und den Frischkäse untermischen. Je die Hälfte der Füllung auf 1 Omelett geben, umklappen und genießen oder einpacken.

Nährwerte pro Portion:
630 kcal • 54 g F • 6 g KH • 26 g EW • SR 1,88

Käse-Schinken-Röllchen

» Die Idee zu diesem Rezept habe ich von Annika, der Betreiberin der Website LCHF.de. Es ist so simpel und doch so gut, dass es unbedingt in die To-go-Sammlung musste.

geht schnell
Für 2 Portionen
⏲ 15 Min.

8 Scheiben Schinken ohne Zusätze (z. B. Prosciutto di Parma) • 4 große Scheiben Gouda • 4 Blätter von Romana- oder Eisbergsalat • 4 TL Senf • ½ Salatgurke • 1 kleine Tomate • 4 EL Mayonnaise (Seite 127)

• Schinken in einer Pfanne ohne Fett von beiden Seiten kross anbraten. Käsescheiben ausbreiten, je 2 Scheiben Schinken auf eine Scheibe Käse legen. Darauf jeweils 1 TL Senf verstreichen und 1 Salatblatt auflegen.

• Gurke schälen und in Stifte schneiden. Tomate waschen und in dünne Scheiben schneiden, jeweils ¼ davon mittig auf das Salatblatt setzen. Mit 1 EL Mayonnaise pro Röllchen abschließen. Von der kurzen Seite her aufrollen, einpacken und mitnehmen.

Nährwerte pro Portion:
700 kcal • 59 g F • 4 g KH • 33 g EW • SR 1,59

Falscher Kartoffelsalat mit Speck

» Ein sehr beliebtes Rezept aus der Low-Carb-Szene und sehr gut zum Mitnehmen geeignet. Wir ergänzen hier Speck; Sie können jedoch auch schauen, ob Ihr altbewährtes Rezept für Kartoffelsalat LCHF-tauglich wird, indem Sie die Kartoffeln gegen Kohlrabi austauschen.

preisgünstig
Für 2 Portionen
20 Min. + 30 Min. Ruhezeit

1 großer Kohlrabi • Salz • 1 Zwiebel • 1 Knoblauchzehe • 2 EL Butterschmalz • 100 g geräucherter Speck, gewürfelt • 1 EL Weißweinessig • 100 ml Gemüsebrühe • 1 TL Senf • Pfeffer • etwas Schnittlauch

- Kohlrabi schälen und vierteln. In kochendem Salzwasser etwa 15 Min. garen. Abgießen und abkühlen lassen. Kohlrabi in dünne Scheiben schneiden.

- Zwiebel und Knoblauch schälen und fein würfeln. Beides mit Speck im heißen Butterschmalz anbraten. Mit Essig und Brühe ablöschen. Senf zufügen, mit Salz und Pfeffer abschmecken.

- Die warme Sauce über den Kohlrabi geben und mindestens 30 Min. durchziehen lassen. Eventuell überschüssige Flüssigkeit abgießen. Schnittlauch in Röllchen schneiden und über den Salat streuen.

Nährwerte pro Portion:
380 kcal • 29 g F • 9 g KH • 18 g EW • SR 1,07

Griechische Hackbällchen

» Damit die Hackbällchen schön locker bleiben, werden sie klassischerweise mit Semmelbröseln gemacht. Wir verwenden Flohsamenschalen, das erfüllt den gleichen Zweck. Ich mache Hackbällchen gerne im Ofen – während sie garen, bleibt Zeit für anderes. Hackbällchen lassen sich prima auf Vorrat zubereiten und einfrieren.

gut vorzubereiten
Für 2 Portionen
10 Min. + 25 Min. Garzeit

250 g Hackfleisch, gemischt • 100 g Feta • 5 grüne Oliven ohne Stein • 1 Zwiebel • 1 Knoblauchzehe • 1 Ei • 1 TL Flohsamenschalen • 1 Msp. Koriander • ½ TL Oregano, getrocknet • Salz

- Backofen auf 180 Grad (Umluft 160 Grad) vorheizen.

- Hackfleisch in eine Schüssel geben. Feta zerbröseln und Oliven grob hacken. Zwiebel und Knoblauch schälen, beides fein hacken. Alle Zutaten mit dem Hackfleisch verkneten und etwa 10 Bällchen formen.

- Bällchen in eine Auflaufform legen und 25 Min. im Backofen garen, nach der Hälfte der Zeit einmal wenden.

Nährwerte pro Portion:
465 kcal • 33 g F • 3 g KH • 36 g EW • SR 0,85

Falscher Kartoffelsalat mit Speck »

25¢ per
25¢ per

Hauptgerichte

Wann immer Sie die Hauptmahlzeit des Tages einnehmen wollen, hier finden Sie eine bunte Mischung aus vegetarischen, Fisch- und Fleischgerichten. Zu jedem Rezept gibt es eine ungefähre Zeitangabe sowie die Auflistung der Nährwerte; so können Sie auf einen Blick erkennen, ob das Rezept in Ihren Tag passt oder nicht.

Erlauben Sie mir noch ein Wort zu den Nährwerten. Ich habe mich nach besten Kräften bemüht, alle Rezepte korrekt zu berechnen. Jedoch – die Angaben können immer nur Näherungswerte darstellen! Ich möchte Ihnen außerdem Mut machen, die Zahlen etwas außen vor zu lassen und sich lieber auf Ihr Hunger- und Sättigungsgefühl zu konzentrieren. Maßgeblich sind nicht die Zahlen aus einer Kalorientabelle, sondern das, was Ihnen Ihr Körper signalisiert. Das erfordert etwas Geduld und Fingerspitzengefühl. Aber es wird Ihnen am Ende eine ganz neue Art von Freiheit in Bezug auf Ihr Essverhalten geben.

« Zitronen-Knoblauch-Brathähnchen

Zitronen-Knoblauch-Brathähnchen

» Wann immer mir der Duft eines frischen Brathähnchens in die Nase steigt, erinnere ich mich an dieses Rezept. Es ist simpel in der Zubereitung und doch so lecker! Und falls etwas übrig bleibt, schmeckt es am nächsten Tag wunderbar als Füllung in einem Omelett-Wrap oder als Topping auf einem grünen Salat.

gelingt leicht
Für 3 Personen
15 Min. + ca. 70 Min. Bratzeit

- 1 küchenfertiges Hähnchen, 1,2–1,5 kg
- Salz
- Pfeffer
- 2 Knoblauchzehen
- 1 Zweig Rosmarin oder Thymian
- 1 große Bio-Zitrone
- 3 EL Olivenöl + etwas mehr zum Einfetten

- Backofen auf 220 Grad (Umluft 200 Grad) vorheizen. Eine Auflaufform fetten. Hähnchen waschen, trocken tupfen und innen mit Salz und Pfeffer würzen.

- Knoblauch schälen, Kräuter waschen und trocken tupfen. Zitrone mit heißem Wasser gründlich waschen, trocken reiben und mit einem scharfen Messer mehrmals einstechen, damit beim Braten der Zitronensaft austreten kann. Zitrone zusammen mit Knoblauch und Rosmarin oder Thymian in die Bauchhöhle des Hähnchens stopfen. Nun die Hähnchenbeine kreuzen und mit Küchengarn zusammenbinden. Hähnchen von außen mit Olivenöl bestreichen, auch von außen mit Salz und Pfeffer würzen.

- Gefülltes Hähnchen in die Auflaufform geben, dabei auf die Seite legen, später wird gewendet. Im Backofen auf mittlerer Schiene etwa 20 Min. braten, dann auf die andere Seite legen und weitere 20 Min. braten. Das Hähnchen bleibt saftig, wenn es hin und wieder mit dem austretenden Bratfett begossen wird. Für eine knusprige Haut zuletzt das Hähnchen mit der Brust nach oben legen und weitere 25 Min. braten, dabei das Begießen nicht vergessen. 5 Min. vor Ende der Garzeit den Grill einschalten.

- Wichtig: vor dem Servieren unbedingt eine Garprobe machen! Der austretende Saft muss beim Einstechen klar sein und das Fleisch am Schenkel muss sich leicht vom Knochen lösen.

Das passt dazu: ein grüner Salat mit einem fettreichen Dressing und für die Familie Baguette oder Ofenkartoffeln

Nährwerte pro Portion:
550 Kcal • 38 g Fett • 4 g Kh • 44 g Ew • SR 0,8

Sahne-Hähnchen

»Super easy und schnell gemacht! Während das Fleisch im Ofen sanft gart, ist Zeit genug, um eine Beilage vorzubereiten.

gelingt leicht
Für 2 Portionen
10 Min. + 30 Min. Garzeit

500 g Hähnchenbrustfilet • 1 Becher Sahne, alternativ 250 g Kokosmilch • Salz • Pfeffer • Kräuter nach Wunsch, z. B. Kräuter der Provence

- Backofen auf 200 Grad (Umluft 180 Grad) vorheizen. Hähnchenbrustfilet waschen, trocken tupfen, halbieren und in eine kleine Auflaufform legen. Sahne mit Salz, Pfeffer und Kräutern verquirlen. Über das Fleisch geben, es sollte mit Sahne bedeckt sein.

- Im Ofen auf mittlerer Schiene 25–30 Min. backen. Die Garzeit ist abhängig von der Dicke der Fleischstücke. Bitte Garprobe machen.

Das passt dazu: Gemüse-Ziegel aus dem Ofen (Seite 92). Die Familie bekommt Reis

Nährwerte pro Portion:
440 kcal • 30 g F • 6 g KH • 34 g EW • SR 0,75

Variante:
Das Gericht schmeckt auch sehr gut mit Paprika. Dafür die Sahne mit 2 TL Paprikapulver edelsüß und 1 zerdrückten Knoblauchzehe verrühren. Je 1 rote und gelbe Paprikaschote waschen, putzen, in Stücke schneiden und zugeben.

Spargel-Puten-Pfanne

»Pures Frühlings-Glück: Spargel! Ich liebe die Kombi mit Knoblauch und Champignons.

gelingt leicht
Für 2 Portionen
60 Min.

200 g Putenbrustfilet • Salz • Pfeffer • 1 Knoblauchzehe • 3 EL Olivenöl • 50 g Parmesan • 400 g weißer Spargel • ½ TL Honig • 1 TL Butter • 200 g Champignons • 1 EL Zitronensaft • 1 Zwiebel • 2 EL Butterschmalz • 100 g Sahne • 1 TL Estragon, getrocknet

- Putenfleisch waschen, trocken tupfen und in Würfel schneiden. Mit Salz und Pfeffer würzen. Knoblauch schälen, in das Olivenöl pressen und darübergeben. Gekühlt etwa 30 Min. marinieren. Käse reiben.

- Spargel schälen, Enden abschneiden und in etwa 2 cm lange Stücke schneiden. In kochendem Salzwasser mit Honig und Butter 10 Min. garen.

- Champignons putzen, halbieren und mit Zitronensaft beträufeln. Zwiebel schälen und würfeln. Beides in 1 EL heißem Schmalz etwa 5 Min. anbraten. Beiseitestellen.

- Putenfleisch im restlichen Fett anbraten. Pilze, Spargel, Käse und Sahne zufügen, 15 Min. sanft einkochen lassen. Mit Estragon, Salz und Pfeffer abschmecken.

Nährwerte pro Portion:
710 kcal • 55 g F • 11 g KH • 37 g EW • SR 1,15

Lachsfilet mit Ofengemüse

» Ofengemüse geht bei uns immer! Egal ob im Herbst und Winter mit Wurzelgemüse und Kohl, im Frühling mit Brokkoli und Co oder, und das ist uns am liebsten, im Sommer mit buntem knackigem Gemüse – auch als Beilage zum Grillen. Hier haben wir eine Variante mit saftigem Lachsfilet aus dem Ofen.

gelingt leicht, laktosefrei
Für 2 Portionen
20 Min. + 40 Min. Garzeit

- ½ gelbe Paprikaschote
- 1 kleine Zucchini
- 1 kleine Aubergine
- 1 Fenchelknolle
- 1 kleine Tomate
- 1 Zwiebel
- 1 grüne Chilischote
- 2 Knoblauchzehen
- 8 EL Olivenöl + etwas mehr zum Einfetten
- Salz
- Pfeffer
- Je 1 TL Thymian und Rosmarin, getrocknet
- 2 Lachsfilets, frisch oder TK, à 125 g
- ½ Bio-Zitrone

● Backofen auf 200 Grad (Umluft 180 Grad) vorheizen.

● Paprika, Zucchini, Aubergine und Fenchel waschen, putzen und in mundgerechte Stücke schneiden. Tomate waschen, klein schneiden. Zwiebel schälen und in Ringe schneiden. Chilischote waschen, halbieren, entkernen und in feine Scheiben schneiden. Alles mischen.

● Knoblauch schälen und fein hacken. 6 EL Olivenöl mit Gewürzen, Kräutern und Knoblauch verrühren und unter das Gemüse mischen. Auf einem Backblech verteilen oder in eine kleine Auflaufform geben und auf mittlerer Schiene etwa 40 Min. garen.

● In der Zwischenzeit den (aufgetauten) Lachs abspülen, trocken tupfen und in die Auflaufform setzen. Mit Zitronensaft beträufeln. Mit Salz und Pfeffer würzen und mit 2 EL Olivenöl benetzen. Die Form verschließen und etwa 20 Min. vor Ende der Garzeit des Gemüses mit in den Ofen geben.

Das passt dazu: für die Familie frisches Ofenbaguette oder Reis

Nährwerte pro Portion:
710 kcal • 58 g F • 12 g KH • 30 g EW • SR 1,38

Auberginen-Moussaka mit Lammhackfleisch

» Ein bisschen Urlaub auf dem Teller gefällig? Moussaka schmeckt nach sonnengereiften Tomaten und Auberginen, nach aromatischen Kräutern und herzhaftem Lammfleisch. Rundum ein Sommer-Gericht, das gute Laune verbreitet! Mein Tipp: Durchgezogen schmeckt es noch besser – es lohnt also, gleich die doppelte Menge zuzubereiten.

gelingt leicht
Für 2 Portionen
30 Min. + 35 Min. Garzeit

- 1 Fleischtomate
- 1 Aubergine
- Salz
- 1 Schalotte
- 1 Knoblauchzehe
- 50 g Parmesan
- 4 EL Olivenöl + etwas mehr zum Einfetten
- Pfeffer
- 200 g Lammhackfleisch
- 1 EL Rotwein
- 100 g Sahne
- 1 Eigelb
- 1 EL Butter
- Je 1 TL Oregano, Thymian und Rosmarin, gerebelt

● Tomate häuten und in Scheiben schneiden, dabei den Stielansatz entfernen. Aubergine waschen, putzen und in 1 cm dicke Scheiben schneiden, salzen und etwa 5 Min. ziehen lassen. Schalotte und Knoblauch schälen, würfeln bzw. fein hacken. Parmesan reiben und beiseitestellen.

● Backofen auf 200 Grad (Umluft 180 Grad) vorheizen. Eine kleine Auflaufform einfetten.

● In einer Pfanne 1 EL Olivenöl erhitzen, Auberginenscheiben trocken tupfen und von jeder Seite 1 Min. anbraten. Wenden und 1 weiteren EL Öl nachgießen. Gebratene Auberginenscheiben auf dem Boden der Auflaufform verteilen und die Tomaten darüberschichten, mit Salz und Pfeffer würzen.

● Restliches Olivenöl in der Pfanne erhitzen und Knoblauch und Schalotte darin anbraten. Hackfleisch zufügen und krümelig anbraten. Mit Salz und Pfeffer würzen. Hackfleisch über die Tomaten geben.

● In einem kleinen Topf Rotwein und Sahne erwärmen, unter Rühren Eigelb und Butter zugeben. Kräuter zufügen und mit Salz abschmecken. Über die Moussaka gießen, mit Parmesan bestreuen und im Ofen auf mittlerer Schiene 35 Min. garen.

Nährwerte pro Portion:
795 kcal • 67 g F • 9 g KH • 33 g EW • SR 1,6

Shepherd's Pie

» Shepherd's Pie ist ein irisches Gericht, das traditionell mit Kartoffelpüree zubereitet wird. Wir verwenden Blumenkohlpüree, das wir mit Senf aufpeppen. Für die Fleischsauce ist Lammhack gut geeignet, natürlich können Sie aber auch eine andere Sorte verwenden.

gut vorzubereiten
Für 3–4 Portionen
40 Min. + 25 Min. Backzeit

- 1 Blumenkohl
- 1 Knoblauchzehe
- 1 Schalotte
- 4 EL Olivenöl
- Salz
- 1 kleine Zucchini
- 1 kleine Möhre
- 250 g Hackfleisch, Sorte nach Wahl
- 1 EL Butterschmalz
- 200 ml Brühe (optional 100 ml Brühe und 100 ml trockener Rotwein)
- 1 EL Tomatenmark
- Pfeffer
- ½ TL Estragon
- 1 Lauchzwiebel
- 2 EL Butter
- 100 g Sahne
- 1 EL Senf
- Muskat
- 50 g Bergkäse
- etwas Schnittlauch

- Backofen auf 180 Grad (Umluft 160 Grad) vorheizen. Ein Backblech mit Backpapier auslegen.

- Blumenkohl waschen, putzen und in kleine Röschen zerteilen. Knoblauch und Schalotte schälen, halbieren und zum Blumenkohl geben. Mit Olivenöl beträufeln und salzen. Auf mittlerer Schiene 25 Min. garen. Herausnehmen und Backofen eingeschaltet lassen, Temperatur auf 200 Grad (Umluft 180 Grad) erhöhen.

- Zucchini und Möhre waschen, putzen und in kleine Würfel schneiden. Hackfleisch im heißen Schmalz anbraten. Gemüse zugeben und kurz mitbraten. Mit Brühe (und dem optionalen Wein) ablöschen. Tomatenmark zugeben, zugedeckt etwa 30 Min. auf mittlerer Stufe köcheln lassen. Eventuell verdampfte Flüssigkeit durch Wasser ersetzen. Mit Salz, Pfeffer und Estragon würzen.

- Lauchzwiebel waschen, putzen und in Ringe schneiden. Blumenkohl-Mischung aus dem Backofen nehmen und in eine Küchenmaschine geben. Butter, Sahne, Lauchzwiebelringe und Senf hinzufügen und zu einem glatten Püree verarbeiten. Mit Salz, Pfeffer und Muskat abschmecken.

- Hackfleischsauce in eine Auflaufform geben. Darüber das Püree geben und glatt streichen. Mit geriebenem Käse bestreuen. Auf mittlerer Schiene 15 bis 20 Min. backen. Mit Schnittlauchröllchen bestreut servieren.

Nährwerte pro Portion:
735 kcal • 63 g F • 10 g KH • 26 g EW • SR 1,75

Schnitzel Wiener Art mit Pfifferlingen

»Wiener Schnitzel mit Pommes – auch so ein Klassiker, auf die man zwischendurch mal Hunger bekommen könnte! In Anlehnung an das Original kursieren viele Low-Carb-Rezepte, die jedoch meist mit Nussmehlen gemacht werden. Aufgrund der Hitzeempfindlichkeit von Nüssen setzen wir lieber auf Flohsamenschalen und frittieren im hitzebeständigen Schweineschmalz. Optisch ist es sicher nicht ganz das Gleiche, aber geschmacklich punktet dieses Gericht!

gelingt leicht
Für 2 Portionen
30 Min.

Für die Pfifferlinge:
- 300 g Pfifferlinge
- 1 Lauchzwiebel
- 1 EL Butterschmalz
- Salz
- Pfeffer
- 1 Prise Kümmel, gemahlen
- 1 EL Butter

Für die Schnitzel:
- 4 dünne Kalbsschnitzel à 80 g
- ½ Bio-Zitrone
- 1 Ei
- 6 EL Sahne
- 4 EL Flohsamenschalen
- optional: 2 EL geriebener Parmesan
- Schweineschmalz
- Petersilie

- Pfifferlinge putzen. Lauchzwiebel waschen, putzen und in feine Ringe schneiden. Schmalz erhitzen, Pfifferlinge darin bei mittlerer Hitze anbraten. Lauchzwiebel, Salz, Pfeffer und Kümmel dazugeben und etwa 5 Min. sanft garen lassen. Abschließend 1 EL Butter darüberschmelzen lassen.

- Schnitzel etwas flach klopfen und beidseitig mit Salz und Pfeffer würzen. Zitrone heiß waschen, trocken reiben und ½ TL Schale abreiben. Ei, Sahne und Zitronenabrieb in einem tiefen Teller verquirlen. Flohsamenschalen und optionalen Parmesan auf einen Teller geben. Schnitzel zunächst von beiden Seiten durch die Eimasse ziehen und anschließend vorsichtig in Flohsamenschalen wälzen.

- In einer Pfanne so viel Schmalz erhitzen, dass der Pfannenboden etwa 2 cm hoch bedeckt ist. Schnitzel auf mittlerer Hitze von einer Seite goldgelb anbraten, dann wenden. Mit einem Löffel immer wieder das Fett über die Schnitzel geben, bis sie von beiden Seiten goldbraun sind. Herausnehmen und auf Küchenpapier abtropfen lassen. Zusammen mit den Pfifferlingen auf Tellern anrichten, mit frischer Petersilie bestreuen und jeweils ein Stück Zitrone dazulegen.

Das passt dazu: ein grüner Salat und Pommes für die Familie

Nährwerte pro Portion:
620 kcal • 47 g F • 4 g KH • 40 g EW • SR 1,07

Lachs mit Spargel-Nuss-Topping

» Wenn die Spargelsaison beginnt, kann sich jeder LCHFler freuen. Das aromatische Gemüse bringt gerade mal 1,6 g KH auf 100 g! Den grünen Spargel mag ich nicht nur aufgrund seines nussigen Aromas besonders, sondern auch, weil man ihn nicht schälen muss. Hier kommt eine Kombination mit Lachs.

gelingt leicht, laktosefrei
Für 2 Portionen
25 Min. + 45 Min. Backzeit

1 EL Olivenöl • 2 Lachsfilets à 125 g • Salz • Pfeffer • 200 g grüner Spargel • 1 Schalotte • 1 Knoblauchzehe • 2 EL Haselnüsse, gemahlen • 2 EL Mandeln, gemahlen • 2 Eier

- Backofen auf 150 Grad (Umluft 130 Grad) vorheizen. Eine Auflaufform mit Öl fetten. Lachs abspülen, trocken tupfen, mit Salz und Pfeffer würzen und in die Form setzen.
- Spargel waschen und das untere Ende abschneiden. Schräg in dünne Scheiben schneiden. Schalotte und Knoblauch schälen, fein würfeln und mit Haselnüssen, Mandeln und Eiern unter den Spargel mischen. Mit Salz und Pfeffer würzen. Masse auf dem Fisch verteilen und auf mittlerer Schiene etwa 45 Min. garen.

Das passt dazu: ein grüner Salat, für die Familie Kartoffeln

Nährwerte pro Portion:
620 kcal • 47 g F • 6 g KH • 39 g EW • SR 1,04

Zitronenfisch mit weißer Haube

» Für diesen Fisch steht man wirklich nicht lange in der Küche – ruckzuck ist er vorbereitet, und während er im Backofen gart, können Sie einen Salat dazu machen. Fertig ist die Feierabendküche.

gelingt leicht
Für 2 Portionen
15 Min. + 15 Min. Garzeit

2 EL Butter + etwas mehr zum Einfetten • 1 kleine Zwiebel • 350 g Fischfilet (z. B. Kabeljau, Rotbarsch, Lachs) • Salz • Pfeffer • Je 1 TL abgeriebene Schale und Saft von 1 Bio-Zitrone • 200 g Crème fraîche • ½ TL Dill, getrocknet • 1 Handvoll Schnittlauch in Röllchen

- Backofen auf 200 Grad (Umluft 180 Grad) vorheizen. Eine Auflaufform einfetten.
- Zwiebel schälen, würfeln und in Butter etwa 5 Min. glasig dünsten. Fischfilet abspülen, trocken tupfen, mit Salz, Pfeffer und Zitronenschale würzen und in die Form legen.
- Zwiebel mit Crème fraîche, Dill und Zitronensaft mischen. Mit Salz und Pfeffer abschmecken. Masse über dem Fisch verteilen. Auf mittlerer Schiene etwa 15 Min. garen (je nach Fischgröße bitte die Garzeit anpassen).
- Schnittlauch über den Fisch streuen.

Nährwerte pro Portion:
560 kcal • 43 g F • 6 g KH • 33 g EW • SR 1,1

Lachs mit Spargel-Nuss-Topping »

Nuss-Hackbraten

» Hackbraten ist das ideale Vorratsessen, denn er lässt sich prima einfrieren oder hält sich bis zu 3 Tage im Kühlschrank. Auch mitnehmen lässt er sich und schmeckt sogar kalt. Etwas Remoulade und ein paar Gurken dazu, fertig ist die Mahlzeit.

geht schnell, laktosefrei
Für 4–6 Portionen
20 Min. + 50 Min. Backzeit

1 Zwiebel • 2 Möhren • 1 Knoblauchzehe • 4 EL Kokosöl • 500 g Rinderhack • 250 g Lammhack • 50 g Haselnüsse, gemahlen • 150 g passierte Tomaten • 1 Ei • 2 TL Senf • 1 TL Apfelessig • 1 TL Salz • 1/2 TL Oregano • etwas Pfeffer

- Backofen auf 200 Grad (Umluft 180 Grad) vorheizen. Eine Kastenform (ca. 25 cm lang) mit Backpapier auslegen.

- Zwiebel, Möhren und Knoblauch schälen. Zwiebel und Knoblauch in feine Würfel schneiden, Möhren raspeln. Öl erhitzen und Gemüse 5–7 Min. dünsten.

- Hackfleisch, Haselnüsse, Gemüse und alle restlichen Zutaten zu einem glatten Teig verarbeiten. In die Kastenform geben. Auf mittlerer Schiene etwa 50 Min. backen.

Das passt dazu: eine Käse-Sauce (Seite 128) und ein gemischter Salat, z. B. mit Sylter Sauce (Seite 126).

Nährwerte pro Portion:
370 kcal • 27 g F • 5 g KH • 24 g E • SR 0,93

Blumenkohlsuppe mit Hackfleischbröseln

» Eine wärmende, scharfe Suppe, die jeden Anflug von Erkältung bereits im Keim erstickt! Kurkuma wirkt entzündungshemmend und hilft angeblich der Leber beim Entgiften – Grund genug, einen großen Topf Suppe vorzubereiten und Reste einzufrieren.

geht schnell, laktosefrei
Für 4 Portionen
30 Min.

1 Kopf Blumenkohl • 500 ml Knochenbrühe (Seite 130) • 1 Zwiebel • 2 EL Kokosöl • 400 g Hackfleisch • Salz • Pfeffer • 250 ml Kokosmilch • 2 Eigelb • 1 daumengroßes Stück Ingwer • 1 TL Kreuzkümmel, gemahlen • 1 TL Kurkuma, gemahlen • ½ TL Chilipulver • 1 Handvoll frischer Koriander

- Blumenkohl putzen, waschen und in Röschen zerteilen. Knochenbrühe aufkochen, Blumenkohl darin 10 Min. garen.

- Zwiebel schälen, fein würfeln und im heißen Öl mit dem Hackfleisch anbraten. Mit Salz und Pfeffer würzen.

- Ingwer schälen und hacken. Kokosmilch mit Eigelb verquirlen und zusammen mit Ingwer und übrigen Gewürzen zum Blumenkohl geben, erwärmen, aber nicht mehr kochen lassen. Pürieren, anschließend Hackfleisch unterrühren. Mit Salz und Pfeffer abschmecken und mit gehacktem Koriander bestreuen.

Nährwerte pro Portion:
510 kcal • 39 g F • 8 g KH • 28 g EW • SR 1,08

Schnelle Hackfleisch-Pfanne

» Diese Kombination war mehr oder weniger ein Zufallstreffer – es war einfach das, was wir noch im Kühlschrank hatten. Eine Gemüse-Hackfleisch-Pfanne eignet sich super zur Resteverwertung.

preisgünstig, laktosefrei
Für 2 Portionen
10 Min. + 15 Min. Garzeit

1 Fenchelknolle • 2 Möhren • 150 g Champignons • 1 Schalotte • 1 Knoblauchzehe • 3 EL Olivenöl • 300 g Hackfleisch, gemischt • Salz • Pfeffer • ½ TL Thymian, gerebelt • optional: 2 EL Crème fraîche oder 50 g Feta

- Fenchel waschen, putzen und in feine Streifen hobeln. Möhren und Champignons putzen und in Scheiben schneiden. Schalotte und Knoblauch schälen und fein würfeln bzw. pressen.

- Olivenöl in einer Pfanne erhitzen und das Hackfleisch darin anbraten. Schalotte und Knoblauch kurz mitbraten. Gemüse zugeben, zugedeckt etwa 15 Min. garen. Eventuell etwas Wasser angießen, damit das Gemüse nicht anbrennt.

- Mit Salz, Pfeffer und Thymian würzen. Wer mag, gibt auf jeden Teller noch einen Klecks Crème fraîche oder zerbröselt Feta darüber.

Nährwerte pro Portion:
600 kcal • 45 g F • 11 g KH • 34 g EW • SR 1

Gefüllte Zucchiniboote

» Dieses Rezept habe ich von meiner Tante und im Sommer gibt es das bei uns oft. Entfernt erinnert es an überbackenes Baguette und kann auch kalt genossen werden.

gelingt leicht
Für 2 Portionen
30 Min. + 30 Min. Garzeit

2 kleine Zucchini (200 g) • 1 Tomate • 1 Zwiebel • 1 Knoblauchzehe • 1 Handvoll frische Petersilie • 2 EL Mandeln, gemahlen • 1 Ei • 200 g Hackfleisch, gemischt • Salz • Pfeffer • 4 EL Olivenöl • 4 EL Parmesan, gerieben

- Backofen auf 200 Grad (Umluft 180 Grad) vorheizen. Ein Backblech mit Backpapier belegen.

- Zucchini waschen, putzen, längs halbieren, die Kerne entfernen und etwas mehr aushöhlen. Auf das Backblech legen.

- Tomate häuten, fein würfeln und dabei den Stielansatz entfernen. Zwiebel und Knoblauch schälen und ebenfalls fein würfeln. Beides mit Tomate, gehackter Petersilie, Mandeln, Ei und Hackfleisch zu einer glatten Masse verkneten. Mit Salz und Pfeffer würzen. Hackfleischmasse auf die Zucchinihälften verteilen. Mit Olivenöl beträufeln, Parmesan darüberstreuen und auf mittlerer Schiene 30 Min. garen.

Nährwerte pro Portion:
755 kcal • 57 g F • 11 g KH • 44 g EW • SR 1,04

Rindfleisch-Bohnen-Eintopf

»Vielleicht geht es Ihnen so wie mir – für einen deftigen Eintopf lasse ich gerne jedes Feinschmeckermenü stehen! Eintopf hat für mich etwas Tröstliches. Dieser Rindfleisch-Bohnen-Eintopf schmeckt für mich außerdem nach Heimat, nach Großvaters Garten, vermischt mit dem Duft nach Sprühstärke von Großmutters Schürze ... Genug der romantischen Vorrede, widmen wir uns lieber dem Bohnenschnippeln! Weil der Eintopf so gut auf Vorrat gemacht werden kann, auch hier direkt das Rezept für 4 Portionen.

preisgünstig

Für 4 Portionen

20 Min. + 80 Min. Schmorzeit

- 500 g Suppenfleisch vom Rind, ohne Knochen
- 100 g fetter Speck
- 2 EL Butterschmalz
- 1 Zwiebel
- Salz
- Pfeffer
- 500 ml Knochenbrühe (Seite 130)
- 500 g grüne Bohnen
- 2 Petersilienwurzeln
- optional: 1 Möhre
- 1 Lorbeerblatt
- 2 Zweige Bohnenkraut

● Fleisch waschen, trocken tupfen und in 2 cm große Würfel schneiden. Speck in dünne Scheiben schneiden. Zwiebel schälen und in Würfel schneiden. Schmalz in einem Schmortopf erhitzen und Fleisch darin von allen Seiten anbraten. Zwiebel kurz mitbraten, mit Salz und Pfeffer würzen. Mit Knochenbrühe ablöschen. Für 50 Min. bei mittlerer Hitze mit geschlossenem Deckel sanft schmoren lassen.

● In der Zwischenzeit Bohnen gründlich waschen und die Enden kappen. Je nach Sorte die Fäden entfernen und Bohnen in 2–3 cm große Stücke in schneiden. Petersilienwurzeln und optional Möhre schälen und in dünne Scheiben schneiden.

● Bohnenkraut abspülen und mit Lorbeerblatt, Gemüse und Fleisch in den Topf geben und weitere 30 Min. zugedeckt garen. Vor dem Servieren Bohnenkraut und Lorbeer entfernen und mit Salz und Pfeffer würzen.

Das passt dazu: für die Familie frisches Roggenbrot mit Butter

Nährwerte pro Portion:
590 kcal • 48 g F • 8 g KH • 27 g EW • SR 1,37

Tipp: Wenn Sie kein frisches, sondern nur getrocknetes Bohnenkraut haben, sollten Sie es erst zum Ende der Garzeit zufügen; das verhindert, dass das Bohnenkraut zu starke Bitterstoffe entwickelt.

Rinderschmorbraten mit Schwarzwurzeln

»Zum Glück gibt es Dinge, auf die muss man auch nach der Umstellung auf LCHF nicht verzichten. So wie auf diesen Rinderschmorbraten. Klassischerweise passt Rotkohl dazu, sehr lecker sind aber auch Schwarzwurzeln. Die langen, schwarzen Stangen ähneln geschmacklich dem Spargel und können auch ebenso verarbeitet werden.

Für Gäste

Für 4 Portionen

40 Min. + 2,5 Stunden Schmorzeit

Für den Braten:

- 750 g Rinderbraten aus der Keule
- 1 Bund Suppengrün
- 1 Fleischtomate
- 1 Zwiebel
- 1 EL Butter- oder Schweineschmalz
- Salz und Pfeffer
- 250 ml heißes Wasser
- 125 ml trockener Rotwein
- 150 g Butter
- optional: 1 TL Pfeilwurzmehl

Für die Schwarzwurzeln:

- 2 EL Weißweinessig
- 1,5 kg Schwarzwurzeln
- 100 g Schinken in dünnen Scheiben (z.B. Prosciutto di Parma)
- 1 EL Butterschmalz

● Fleisch waschen, trocken tupfen. Suppengrün waschen, putzen und klein schneiden. Tomate waschen, klein schneiden und dabei den Stielansatz entfernen. Zwiebel schälen und in Ringe schneiden.

● Schmalz in einem Bräter erhitzen, Fleisch darin von allen Seiten anbraten. Mit Salz und Pfeffer würzen, mit heißem Wasser und Rotwein ablöschen. Zugedeckt etwa 2,5 Stunden auf kleiner Hitze sanft schmoren lassen, dabei gelegentlich wenden und verdampfte Flüssigkeit nachfüllen.

● Eine breite Schüssel mit kaltem Essigwasser füllen. Schwarzwurzeln putzen, unter fließendem Wasser abspülen und sofort in das Essigwasser legen. Schwarzwurzeln in kochendem Salzwasser etwa 20 Min. garen.

● Inzwischen den Braten herausnehmen und vor dem Anschneiden 10 Min. ruhen lassen. Bratensatz mit Gemüse pürieren, Butter in Stücken unterrühren. Mit Salz und Pfeffer abschmecken. Optional Pfeilwurzmehl für eine dickere Sauce zufügen. Zurück in den Bräter geben und erhitzen, jedoch nicht mehr kochen lassen! Braten in Scheiben schneiden und bis zum Servieren in die Sauce legen.

● Schwarzwurzeln herausnehmen, abtropfen lassen und jeweils 3–4 Stangen mit Schinken umwickeln. Schwarzwurzel-Bündel im heißen Fett rundherum anbraten.

Nährwerte pro Portion:

770 kcal • 53 g F • 8 g KH • 48 g EW • SR 0,95

Gespickter Schweinebraten

» Schmeckt nach Lagerfeuer und Geselligkeit. Ein Braten auch für Gäste geeignet, der sich prima vorbereiten lässt. Während er im Ofen gart, lässt sich ganz entspannt die Beilage zubereiten.

Für Gäste

Für 4 Portionen

30 Min. + 2 Std. Marinierzeit + 2 Std. Backzeit

- 1 Knoblauchzehe
- 1 Zweig Rosmarin
- Salz
- Pfeffer
- ½ TL Paprikapulver
- ½ TL Majoran, gerebelt
- 6 EL Olivenöl
- 2 Zwiebeln
- 1 kg Schweinebraten aus Keule oder Nacken, ohne Knochen
- 100 g Bacon in Scheiben
- 250 ml Gemüsebrühe
- 50 ml trockener Rotwein
- 100 ml Sahne
- 100 g Crème fraîche
- optional: 1 TL Pfeilwurzmehl

● Knoblauch schälen und mit den Rosmarinnadeln hacken. Zusammen mit Salz, Pfeffer, Paprika und Majoran mit dem Olivenöl vermischen. Zwiebel schälen und in feine Scheiben schneiden.

● Braten waschen, trocken tupfen. Fleisch alle 2 cm quer einschneiden (jedoch nicht durchschneiden!), sodass Taschen zum Befüllen entstehen. Jeden Einschnitt im Braten nun mit der Marinade bestreichen und mit je 1–2 Scheiben Bacon und 3 Scheiben Zwiebeln füllen. Damit der Braten nicht auseinanderfällt, jeweils die Enden mit 3 Rouladenspießen sichern.

● Braten in einen Bräter legen, mit der restlichen Marinade bepinseln und für mindestens 2 Std. im Kühlschrank marinieren lassen.

● Backofen auf 180 Grad (Umluft 160 Grad) vorheizen. Die Gemüsebrühe seitlich vom Braten angießen. Deckel auflegen und 2 Std. im Backofen garen. Nach 1 Std. mit Rotwein übergießen und ggf. Gemüsebrühe nachfüllen. Etwa 30 Min. vor Ende der Garzeit den Deckel abnehmen, damit der Braten etwas Farbe annimmt.

● Braten aus der Form nehmen und den Bratensaft mit Sahne und Crème fraîche zu einer Sauce anrühren, je nach gewünschter Konsistenz optional mit Pfeilwurzmehl binden. Abschmecken, Braten in Scheiben schneiden und mit der Sauce servieren.

Das passt dazu: falscher Kartoffelsalat (Seite 66) und Ofenkartoffeln für die Familie

Nährwerte pro Portion:

510 kcal • 38 g F • 4 g KH • 34 g EW • SR 1

Brokkoli-Cremesuppe mit Räucherlachs

» An einem eher kalten, nassen Tag kehrten wir in Jokkmokk, im hohen Norden Schwedens, in ein gemütliches Café ein, in dem samische Spezialitäten serviert werden. Die Suppe des Tages war eine Brokkoli-Cremesuppe, zu der es wahlweise Elchfleisch oder Räucherlachs gab. Ich habe die Suppe derart gut in Erinnerung, dass ich zu Hause versuchte, sie nachzukochen. Hier ist das Ergebnis.

gelingt leicht
Für 2 Portionen
⏲ 20 Min. + 30 Min. Backzeit

- 1 Kopf Brokkoli (ca. 500 g)
- 1 Zwiebel
- 2 Knoblauchzehen
- 2 EL Olivenöl
- Salz
- Pfeffer
- 10 Haselnüsse
- 300 ml Knochenbrühe (Seite 130)
- 50 g Cheddar
- 200 g Sahne
- 1 TL Zitronensaft
- 200 g Räucherlachs

● Backofen auf 180 Grad (Umluft 160 Grad) vorheizen. Ein Backblech mit Backpapier auslegen.

● Brokkoli waschen und in Röschen teilen, Strunk schälen und in Stücke schneiden. Zwiebel schälen und achteln, Knoblauch schälen. Alles auf das Backblech legen. Olivenöl mit Salz und Pfeffer mischen und über das Gemüse träufeln. Auf mittlerer Schiene etwa 20 Min. garen.

● In der Zwischenzeit Haselnüsse hacken und in einer Pfanne ohne Fett rösten, anschließend abkühlen lassen.

● Brühe in einem Topf aufkochen lassen, Cheddar reiben und in der Brühe schmelzen lassen. Gemüse und Sahne in die Brühe geben und pürieren. Mit Salz, Pfeffer und Zitronensaft abschmecken. Lachs in mundgerechte Stücke zerteilen, zur Suppe geben. Haselnüsse vor dem Servieren über die Suppe streuen.

Nährwerte pro Portion:
770 kcal • 64 g F • 12 g KH • 36 g EW • SR 1,33

Tipp: Sie sparen etwas Zeit, wenn Sie Brokkoli, Zwiebel und Knoblauch für 5 Min. direkt in der Brühe garen. Allerdings geht dann das herrliche Röstaroma verloren.

Herings-Schichtsalat

» Einen ähnlichen Salat habe ich einmal in Schweden gegessen und fand ihn köstlich!

gut vorzubereiten
Für 2 Portionen
30 Min. + 5 Std. Ruhezeit

1 kleine Knolle Rote Bete, vorgekocht • 200 g Heringsfilet • 1 Schalotte • 1 Gewürzgurke • 1 kleines Stück Meerrettich • 50 g Crème fraîche • 1 TL Zitronensaft • 1 TL Weißweinessig • 1 TL Dill, gehackt • 100 g Sahne • Salz • Pfeffer • ½ Apfel • 1 Handvoll Schnittlauch

- Rote Bete in Scheiben schneiden. Hering halbieren. Schalotte schälen, halbieren, in feine Scheiben schneiden und in kaltem Wasser etwa 15 Min. ziehen lassen.

- Gurke fein hacken, Meerrettich schälen und reiben. Crème fraîche, abgetropfte Schalotte, Zitronensaft, Essig, 1 TL Meerrettich, Dill und Gurke verrühren. Sahne schlagen und unterheben. Mit Salz und Pfeffer abschmecken.

- Apfel schälen, vierteln, entkernen und in feine Scheiben schneiden. Ein Heringsfilet in eine Schüssel legen. Rote Bete und Apfel darauf schichten, mit der Hälfte der Sauce bedecken, Hering und übrige Sauce daraufgeben. Einige Stunden gekühlt durchziehen lassen. Mit Schnittlauchröllchen garnieren.

Nährwerte pro Portion:
450 kcal • 34 g F • 14 g KH • 19 g EW • SR 1,03

Ofen-Lachs auf Fenchel und Tomate

» Die Kombination aus Lachs und Fenchel ist grandios und durch das langsame Garen im Backofen bei niedriger Temperatur bleibt der Lachs saftig. Ein tolles Rezept für Gäste.

Für Gäste
Für 4 Portionen
30 Min. + 60 Min. Garzeit

1 EL Butter • 600 g Lachsfilet ohne Haut, am Stück • Salz • Pfeffer • 1 Bio-Zitrone • je 1 Handvoll frischer Estragon und Kerbel (alternativ je 1 TL getrocknet) • 4 Fenchelknollen • 250 g kleine Tomaten • 100 ml Olivenöl • 3 Knoblauchzehen

- Ofen auf 100 Grad (Umluft 80 Grad) vorheizen. Eine Auflaufform einfetten.

- Lachs ggf. auftauen, abspülen, trocken tupfen, würzen und in die Form legen. Zitrone heiß abwaschen, in Scheiben schneiden und mit gehackten Kräutern auf dem Lachs verteilen.

- Fenchel waschen, putzen und in feine Streifen schneiden. Tomaten waschen und vierteln. Fenchel in 3 EL heißem Olivenöl 5 Min. anbraten. Knoblauch schälen, dazu pressen und würzen. Fenchel und Tomaten neben den Lachs legen. Restliches Olivenöl darüberträufeln.

- Lachs im Ofen etwa 1 Stunde sanft garen.

Nährwerte pro Portion:
560 kcal • 40 g F • 10 g KH • 36 g EW • SR 0,87

Avocado-Tomaten-Salat

» Als schneller Beilagensalat oder auch, um etwas Käse ergänzt, eine vegetarische Hauptmahlzeit.

preisgünstig
Für 2 Portionen
15 Min.

2 Eier • 4 mittelgroße Tomaten • 1 reife Avocado • 1 EL Zitronensaft • 1 Lauchzwiebel • 2 EL Mayonnaise (Seite 127) • Salz • Pfeffer

- Eier in kochendem Wasser 10 Min. hartkochen.

- In der Zwischenzeit Tomaten waschen und in Würfel schneiden, dabei die Stielansätze entfernen. Avocado halbieren, Stein entfernen, Fruchtfleisch aus der Schale heben und ebenfalls würfeln. Sofort mit Zitronensaft beträufeln.

- Lauchzwiebel waschen, putzen und in feine Ringe schneiden. Eier abschrecken, pellen und klein schneiden. Alles in eine Schüssel geben und zusammen mit der Mayonnaise vorsichtig mischen. Mit Salz und Pfeffer abschmecken.

Das passt dazu: Knäckebrot (Seite 52)

Nährwerte pro Portion:
495 kcal • 42 g F • 12 g KH • 14 g EW • SR 1,62

Tipp: Falls Sie den Salat nicht sofort essen, am besten die Tomaten-Kerne entfernen. Dann wird der Salat nicht allzu wässrig.

Deftig gefüllte Tomaten

» Die gefüllten Tomaten sind schnell vorbereitet. Sie eignen sich sowohl als Hauptgericht wie auch als Beilage zum Grillen.

Gut vorzubereiten
Für 2 Portionen
25 Min. + 30 Min. Garzeit

4 Fleischtomaten • 1 Knoblauchzehe • 4–6 Blätter Basilikum • 2 Stängel Petersilie • 2 Salbeiblättchen • 20 g Pinienkerne • 200 g Schafskäse, vollfett • 40 g Butter + etwas mehr zum Einfetten • 8 Scheiben Schinken ohne Zusätze (z. B. Prosciutto di Parma)

- Backofen auf 200 Grad (Umluft 180 Grad) vorheizen. Eine Auflaufform mit Butter einfetten.

- Tomaten waschen, Stielansatz entfernen und leicht aushöhlen, dabei die Tomate ganz lassen. Knoblauch schälen und pressen.

- Pinienkerne in einer Pfanne ohne Fett rösten. Gehackte Kräuter, Knoblauch, Pinienkerne und Schafskäse mischen. Tomaten damit füllen. Übrig gebliebene Füllung als Dip dazureichen. Butter in Flocken auf den Tomaten verteilen.

- Jede Tomate kreuzweise mit je 2 Scheiben Schinken belegen bzw. einwickeln und in die Form setzen. Auf mittlerer Schiene 30 Min. garen.

Nährwerte pro Portion:
690 kcal • 56 g F • 11 g KH • 31 g EW • SR 1,33

Deftig gefüllte Tomaten »

TOMATOES
25¢ per Bushel

Rumpsteak mit Auberginenpüree und Kräuterbutter

» Was auf den ersten Blick wie ein kompliziertes Rezept aussieht, entpuppt sich als unkompliziertes Highlight.

gelingt leicht
Für 2 Portionen
45 Min.

Für die Steaks:
- 2 Rumpsteaks à 200 g
- Salz, Pfeffer
- 1 EL Butterschmalz + etwas mehr zum Einfetten

Für die Kräuterbutter:
- 1 Knoblauchzehe
- 60 g weiche Butter
- 1 TL Senf
- 1 TL Rosmarin, gehackt
- 1 TL Petersilie, gehackt
- Salz, Pfeffer

Für das Auberginenpüree:
- 1 Aubergine
- 1 EL Butterschmalz
- 50 ml Gemüsebrühe
- 30 g Butter
- 1 EL Parmesan, gerieben
- Salz, Pfeffer
- ½ TL Thymian, gemahlen
- 1 Prise Muskat

● Rumpsteaks aus dem Kühlschrank nehmen und mit dem Handrücken etwas flach drücken, ruhen lassen.

● Knoblauchzehe schälen und hacken. Butter schaumig schlagen. Knoblauch, Senf und Kräuter unter die Butter rühren, mit Salz und Pfeffer abschmecken. In Frischhaltefolie einschlagen und zu einer etwa 3 cm dicken Rolle verarbeiten, kalt stellen.

● Auberginen waschen, putzen, in Würfel schneiden und kurz in Schmalz anbraten. Mit Brühe ablöschen und zugedeckt 15 Min. garen. Gelegentlich umrühren. Butter, Parmesan und Gewürze hinzufügen und mit dem Stabmixer pürieren. Mit Salz und Pfeffer abschmecken.

● Backofen auf Grillfunktion (etwa 270 Grad) vorheizen und eine kleine Auflaufform fetten.

● Butterschmalz in einer Pfanne erhitzen und die vorbereiteten Steaks von jeder Seite 2–3 Minuten scharf anbraten. In die Auflaufform legen, salzen und pfeffern. Auberginenpüree gleichmäßig auf den Steaks verstreichen. Kräuterbutter in Scheiben schneiden und auf das Püree geben. Für etwa 5 Min. unter den Grill schieben, bis die Butter goldbraun gratiniert ist.

Nährwerte pro Portion:
760 kcal • 59 g F • 5 g KH • 46 g EW • SR 1,16

Steak mit Pastinakentalern und Salbei-Butter

›› Gut geeignet ist ein Rückenstück vom Iberico-Schwein. Diese Schweine leben in Spanien und ernähren sich hauptsächlich von Eicheln, was dem Fleisch einen nussigen Geschmack gibt.

braucht etwas mehr Zeit

Für 2 Portionen

40 Min. + 2 Std. Marinierzeit + 15–20 Min. Garzeit

Für die Steaks:

- 1 Zweig Rosmarin
- 2 Knoblauchzehen
- 2 EL Olivenöl
- 2 Steaks aus dem Schweinerücken (je 150 g)
- 2 EL Schweineschmalz
- Salz
- Pfeffer

Für die Salbei-Butter:

- 1 Schalotte
- 4–6 Blättchen Salbei
- 50 g weiche Butter

Für die Pastinakentaler:

- 500 g Pastinaken
- 2 EL Schweineschmalz

● Rosmarin waschen, trocken tupfen und die Nadeln sehr fein hacken, Knoblauch schälen und ebenfalls hacken. Beides mit dem Olivenöl mischen und über das Fleisch geben. Etwa 1,5 Stunden gekühlt marinieren. Aus dem Kühlschrank nehmen und etwa 30 Min. Zimmertemperatur annehmen lassen.

● Zwischenzeitlich Schalotte schälen, zusammen mit Salbei fein hacken. Gründlich mit Butter mischen und mit Salz abschmecken. Kühl stellen.

● Backofen auf 100 Grad (Umluft 80 Grad) vorheizen. Schmalz in einer Pfanne erhitzen, Steaks jeweils von jeder Seite 1 Min. scharf anbraten. Herausnehmen, in eine Auflaufform legen und je nach gewünschtem Garzustand 15–20 Min. im Backofen fertig garen. Abschließend salzen und pfeffern.

● In der Zwischenzeit Pastinaken schälen, Enden abschneiden und die Rüben in etwa 1 cm dicke Scheiben schneiden. In kochendem Salzwasser etwa 10 Min. garen, in ein Sieb abschütten und abtropfen lassen. Schmalz in einer Pfanne erhitzen und Pastinake wie Bratkartoffeln darin anbraten.

● Steaks zusammen mit den Talern auf einen Teller geben, mit etwas Salbei-Butter garnieren und genießen.

Nährwerte pro Portion:

750 kcal • 60 g F • 9 g KH • 38 g EW • SR 1,28

Pastinaken-Tarte

» Über Pastinake gehen die Meinungen auseinander. Einerseits ist es ein Wurzelgemüse und gehört zu den kohlenhydratreicheren Gemüsesorten. Andererseits bestehen die Kohlenhydrate aus Inulin, was für einen langsam steigenden Blutzuckerspiegel sorgt.

gelingt leicht
Für 4 Portionen
30 Min. + 30 Min. Garzeit

Butter zum Einfetten • 600 g Pastinaken • 3 EL Rapsöl • Salz • 250 g Crème fraîche • 1 EL Zitronensaft • ½ TL Zimtpulver • 3 Eier • Pfeffer • 1 Lauchzwiebel • 150 g geräucherte Schinkenwürfel

- Backofen auf 220 Grad (Umluft 200 Grad) vorheizen. Eine Springform (26 cm Durchmesser) mit Backpapier auslegen oder mit Butter einfetten.

- Pastinaken putzen und in 1 cm dicke Scheiben schneiden. Scheiben an der Oberfläche einritzen (nicht durchschneiden) und nebeneinander in die Form legen. Mit Öl beträufeln, salzen und auf mittlerer Schiene 15 Min. bissfest garen.

- Crème fraîche, Zitronensaft, Zimt und Eier verquirlen. Mit wenig Salz und Pfeffer würzen. Lauchzwiebel waschen, putzen, in Ringe schneiden und mit Schinken unter die Eiermasse rühren. Über die Pastinaken gießen und weitere 15–20 Min. garen.

Nährwerte pro Portion:
440 kcal • 37 g F • 8 g KH • 16 g EW • SR 1,54

Gemüse-Ziegel aus dem Ofen

» Der Gemüse-Ziegel-Auflauf ist ein Allrounder, er passt sich vielen Fleischgerichten an. Daher bereite ich ihn gerne als Beilage zu, wenn wir grillen.

gut vorzubereiten
Für 2 Portionen
15 Min. + 25 Min. Garzeit

1 EL Butter zum Einfetten • 1 Lauchzwiebel • 1 kleine Aubergine • 1 mittelgroße Zucchini • 1 Fleischtomate • 100 g Feta • 1 Knoblauchzehe • 6 EL Olivenöl • 1 TL Salz • 1 EL Kräuter der Provence

- Backofen auf 200 Grad (Umluft 180 Grad) vorheizen. Eine Auflaufform einfetten.

- Lauchzwiebel waschen, putzen und in feine Ringe schneiden. Aubergine, Zucchini und Tomate waschen, putzen und in nicht zu dicke Scheiben schneiden. Feta würfeln.

- Aubergine, Tomate und Zucchini abwechselnd hintereinander, wie Dachziegel, in die Auflaufform schichten. Lauchzwiebelringe und Fetawürfel darüber verteilen.

- Knoblauch schälen, pressen und mit Olivenöl, Salz und Kräutern mischen. Über das Gemüse träufeln. Auf mittlerer Schiene etwa 25 Min. garen. Falls der Feta zu schnell dunkel wird, mit angefeuchtetem Backpapier abdecken.

Nährwerte pro Portion:
500 kcal • 43 g F • 9 g KH • 15 g EW • SR 1,79

Pastinaken-Tarte »

Fish & Chips

›› Fish & Chips, Backfisch mit Pommes, gelten als heimliches Nationalgericht der Schotten (das offizielle Gericht lautet Haggis, aber ich denke, sie wollen lieber nicht wissen, was das ist) und ich erinnere mich, wie wir mit unseren schottischen Freunden in St. Andrews eine sensationell leckere Variante von Fish & Chips gegessen haben. Im Original ist dieses Essen eine Kohlenhydratbombe, kombiniert mit schlechtem Frittierfett. Hier kommt die gesunde Alternative!

gelingt leicht, laktosefrei
Für 2 Portionen
20 Min. + 45 Min. Backzeit

Für die Chips:

- 1 Knollensellerie (ca. 500 g ohne Schale)
- 4 EL Schweineschmalz
- Salz
- Paprikapulver, edelsüß

Für den Fisch:

- 1 Ei
- 6 EL gemahlene Flohsamenschalen
- 2–4 feste Fischfilets (250 g, z. B. Seehecht, Kabeljau, Scholle)
- Salz
- 2 EL Kokosöl oder Schweineschmalz

- Backofen auf 210 Grad (Umluft 190 Grad) vorheizen.

- Sellerie schälen, in 1 cm dicke Scheiben und in Pommes-Form schneiden. Auf ein Backblech geben, mit Salz und Paprika würzen und Schmalz darauf verteilen. Auf mittlerer Schiene 15 Min. backen. Dann im Fett wenden und weitere 20–25 Min. backen, bis sie braun sind.

- 10 Min. vor Ende der Garzeit Ei in einem tiefen Teller verquirlen. Einen zweiten Teller für Flohsamenschalen bereitstellen. Fischfilets kalt abspülen, gut trocken tupfen und salzen. Fisch zuerst durch Ei ziehen und anschließend in Flohsamenschalen wälzen.

- Im heißen Fett von beiden Seiten jeweils 3 Min. braten, bis sie goldbraun und knusprig sind.

Das passt dazu: Remoulade (Seite 129) und ein kühler Gurkensalat

Nährwerte pro Portion:
600 kcal • 49 g F • 7 g KH • 28 g EW • SR 1,4

Gefüllte, überbackene Kohlrabi

» So manches Gemüse lässt sich gut füllen – warum nicht auch mal Kohlrabi? Entweder als vegetarisches Hauptgericht oder auch als leckere Beilage zu Frikadellen. Für die Familie passen Ofenkartoffeln dazu.

gelingt leicht
Für 2 Portionen
30 Min. + 30 Min. Garzeit

- 1 großer Kohlrabi (ohne Schale etwa 500 g)
- Salz
- 1 EL Mandeln
- 1 Knoblauchzehe
- 100 g Bergkäse
- 1 Ei
- ½ TL Rosmarin, gemahlen
- Pfeffer
- 1 TL Butter zum Einfetten
- 100 g Crème fraîche
- Muskat

● Kohlrabi schälen und quer halbieren, beide Hälften etwa 15 Min. in kochendem Salzwasser vorgaren.

● Mandeln grob hacken und in einer Pfanne ohne Fett rösten. Knoblauch schälen und fein hacken. Bergkäse reiben und eine Hälfte beiseitestellen. Mandeln, Knoblauch, die Hälfte vom Käse, Ei und Rosmarin mischen, mit Salz und Pfeffer würzen.

● Backofen auf 180 Grad (Umluft 160 Grad) vorheizen. Eine Auflaufform fetten.

● Kohlrabi abschütten, das Kochwasser dabei auffangen und für die Sauce beiseitestellen. Kohlrabi abkühlen lassen und anschließend mit einem Löffel mittig etwas Fruchtfleisch herauskratzen, sodass eine Mulde für die Füllung entsteht. Herausgenommenes Fruchtfleisch ebenfalls für die Sauce beiseitestellen. Füllung in den vorbereiteten Kohlrabi geben und in die Auflaufform setzen.

● 250 ml Kochwasser in einen Mixtopf geben, herausgekratztes Fruchtfleisch zugeben und gemeinsam mit Crème fraîche zu einer sämigen Sauce pürieren, mit Salz, Pfeffer und Muskat abschmecken. Rundherum um den Kohlrabi verteilen, zum Schluss die zweite Hälfte Käse über den Auflauf geben und 30 Min. auf mittlerer Schiene backen.

Nährwerte pro Portion:
470 kcal • 37 g F • 8 g KH • 23 g EW • SR 1,19

Mediterraner Blumenkohlsalat mit Feta

» Dieser Blumenkohlsalat wird warm serviert und genossen. Im Handumdrehen zubereitet, ist er genau die richtige Mahlzeit nach einem anstrengenden Arbeitstag. Für die Familie passt Ciabatta-Brot dazu, mit Olivenöl oder Pesto bestrichen.

geht schnell
Für 2 Portionen
20 Min.

½ Blumenkohl • Salz • 4 getrocknete Tomaten, ohne Öl • 1 Handvoll Basilikum • 1 Handvoll Petersilie • 150 g Feta • 30 g Pinienkerne (z. B. Seeberger) • 1 EL Zitronensaft • 3 EL Olivenöl • Pfeffer

- Blumenkohl waschen, putzen, in Röschen zerteilen und in kochendem Salzwasser etwa 10 Min. garen.

- In der Zwischenzeit getrocknete Tomaten in schmale Streifen schneiden. Kräuter waschen, trocken tupfen und hacken. Feta würfeln. Pinienkerne in einer Pfanne ohne Fett kurz anrösten.

- Zitronensaft, Olivenöl und Kräuter in einer Salatschüssel verrühren. Mit Salz und Pfeffer abschmecken. Blumenkohl, Tomaten und Feta zugeben, untermischen und mit Pinienkernen bestreuen.

Nährwerte pro Portion:
495 kcal • 39 g F • 12 g KH • 21 g EW • SR 1

Tipp: Je nach Sorte variiert der KH-Gehalt der Pinienkerne. Ein Vergleich lohnt sich.

Rahmgeschnetzeltes mit Brat-Sellerie

» Natürlich gehört zum Original ein Rösti, aber Kartoffeln sind bei LCHF tabu. Auf eine fettige Beilage brauchen wir dennoch nicht zu verzichten: Brat-Sellerie sind ein toller Ersatz!

preisgünstig
Für 2 Portionen
40 Min.

200 g Champignons • 250 g Kalbsschnitzel • 6 EL Butterschmalz • Salz • Pfeffer • 100 ml Knochen- (Seite 130) oder Gemüsebrühe • 200 g Sahne • 1 Knollensellerie (ca. 500 g ohne Schale) • edelsüßes Paprikapulver • 1 Handvoll Schnittlauch

- Champignons putzen und halbieren. Kalbsschnitzel in Streifen schneiden und in 3 EL Butterschmalz scharf anbraten. Mit Salz und Pfeffer würzen, aus der Pfanne nehmen. Im selben Bratfett Champignons goldbraun anbraten. Mit Brühe und 100 g Sahne ablöschen, offen einkochen lassen.

- Sellerie schälen, vierteln, in Scheiben schneiden und im restlichen Butterschmalz etwa 10 Min. anbraten. Mit Salz, Pfeffer und Paprika würzen.

- Restliche Sahne schlagen. Fleisch zurück zur Sauce geben, kurz aufkochen lassen, vom Herd nehmen und Sahne unterheben. Mit Schnittlauchröllchen garnieren.

Nährwerte pro Portion:
785 kcal • 65 g F • 9 g KH • 35 g EW • SR 1,48

Mediterraner Blumenkohlsalat mit Feta »

Bolognese auf Eisberg

»Bolo auf Eisberg« war einer der ersten kulinarischen Tipps, die ich zu Beginn meiner Umstellung auf LCHF bekam. Hier wird Eisbergsalat in feine Streifen geschnitten und dient dann als Unterlage für die Bolognese. Klar, es schmeckt nicht nach Spaghetti. Aber es schmeckt ausgesprochen gut. Hier kommt meine Lieblingsvariante mit viel Gemüse.

gut vorzubereiten, laktosefrei

Für 6 Portionen

30 Min. + 60 Min. Garzeit

- 2 Zucchini
- 1 gelbe Paprikaschote
- 2 Tomaten
- 2 Möhren
- 1 Zwiebel
- 2 Knoblauchzehen
- 800 g Hackfleisch, gemischt
- 6 EL Kokosöl
- 250 ml Gemüsebrühe
- 2 EL Tomatenmark
- 1 EL Kräuter der Provence
- Salz
- Pfeffer
- 1 Kopf Eisbergsalat
- optional: 4 EL Parmesan, gerieben

- Zucchini, Paprika, Tomaten und Möhren waschen, putzen und in feine Würfel schneiden. Zwiebel und Knoblauch schälen und fein hacken.

- Hackfleisch portionsweise im heißen Öl anbraten. Knoblauch und Zwiebel kurz mitbraten. Mit Brühe ablöschen.

- Vorbereitetes Gemüse, Tomatenmark und Kräuter zum Hackfleisch geben, mit Salz und Pfeffer würzen und zugedeckt etwa 1 Std. sanft köcheln lassen. Ab und an rühren und gegebenenfalls etwas Brühe nachgießen.

- Eisbergsalat putzen, in feine Streifen schneiden, auf tiefe Teller geben und die Bolognese darübergießen. Optional mit Parmesan verfeinern.

Nährwerte pro Portion:
505 kcal • 38 g F • 8 g KH • 29 g EW • SR 1,03

Tipp: Statt Eisbergsalat können Sie auch Kelpnudeln verwenden. Das sind »Spaghetti« aus Seegras, die viele gute Mineralstoffe und Aminosäuren enthalten und dabei mit 2 g KH/100 g auskommen.

Hackfleisch vom Blech mit Rucola

» Wer sagt, dass Pizza immer aus einem Hefeteig bestehen muss? Diese teiglose Hackfleischvariante ist eine tolle Alternative und der passende Salat wird direkt mitgeliefert. Die Familie bekommt Backofenkartoffeln dazu. Was übrig bleibt, kann problemlos eingefroren werden.

gelingt leicht
Für 8 Portionen
40 Min. + 30 Min. Backzeit

- 2 Pastinaken (ca. 150 g)
- 1 Zwiebel
- 100 g Speckwürfel
- 200 ml Knochenbrühe (Seite 130)
- ½ TL ital. Kräuter
- 100 g Himbeeren
- 1 Handvoll Petersilie
- 1,5 kg Hackfleisch, gemischt
- 2 Eier
- Salz
- Pfeffer
- 200 g Ziegenfrischkäse-Rolle, 45 % Fett i.Tr.
- 100 g Rucola

● Backofen auf 180 Grad (Umluft 160 Grad) vorheizen. Ein Backblech mit Backpapier auslegen.

● Pastinaken und Zwiebel schälen, jeweils halbieren und in feine Scheiben schneiden. Speck anbraten, Gemüse zufügen und kurz mitbraten. Mit Brühe ablöschen, Kräuter hinzufügen und 3 Min. köcheln lassen. Vom Herd nehmen, etwas abkühlen lassen.

● In der Zwischenzeit Himbeeren mit der Gabel zerdrücken und durch ein feines Sieb passieren, um die Kerne zu entfernen. Petersilie hacken. Himbeeren, Petersilie, Hackfleisch und Eier zu der Pastinaken-Mischung in der Schüssel geben und gut vermischen. Mit Salz und Pfeffer würzen.

● Die gesamte Masse auf einem mit Backpapier ausgelegten Backblech gleichmäßig verteilen und etwas andrücken. Ziegenfrischkäse in Scheiben schneiden und auf dem Hackfleisch verteilen. Rucola verlesen, waschen und abtropfen lassen.

● 30 Min. auf mittlerer Schiene garen lassen. Herausnehmen und in Stücke schneiden. Abschließend Rucola darauf verteilen und noch warm servieren.

Nährwerte pro Portion:
635 kcal • 48 g F • 3 g KH • 43 g EW • SR 1,04

Zucchini-Lasagne

›› Als ich meiner Familie das erste Mal diese Lasagne vorsetzte, war ich kurzfristig der Held des Tages. Seitdem gehört sie bei uns zum Standardrepertoire – erst recht, wenn wir zügig große Mengen Zucchini aus dem eigenen Garten verwerten müssen. Falls es Reste geben sollte, kann man die prima am nächsten Tag aufwärmen. Die Lasagne ist sehr gehaltvoll und wird Sie über Stunden sättigen.

gut vorzubereiten
Für 2–3 Portionen
30 Min. + 30 Min. Backzeit

- 2 mittelgroße Zucchini
- 1 Schalotte
- 300 g Hackfleisch, gemischt
- 1 EL Butterschmalz
- Salz
- Peffer
- 100 ml Knochen- (Seite 130) oder Gemüsebrühe
- 200 g passierte Tomaten
- 250 g Champignons
- 1 TL Butter + etwas mehr zum Einfetten
- 100 g Sahne
- 100 g Doppelrahmfrischkäse
- 1 Knoblauchzehe
- Estragon und Oregano, getrocknet
- 50 g Hartkäse, z. B. Greyerzer

- Backofen auf 180 Grad (Umluft 160 Grad) vorheizen. Eine Auflaufform einfetten.

- Zucchini waschen, putzen und mit Sparschäler oder Hobel in dünne Streifen abziehen oder in Scheiben schneiden. Die Hälfte davon in die Auflaufform schichten.

- Schalotte schälen, hacken und mit dem Hackfleisch im heißen Schmalz anbraten, mit Salz und Pfeffer würzen. Mit Brühe ablöschen, Tomaten zufügen und auf niedriger Stufe etwa 15 Min. offen köcheln lassen.

- Champignons putzen, in Scheiben schneiden und in Butter anbraten. Mit Sahne ablöschen. Frischkäse zugeben. Knoblauch schälen und dazupressen. Mit Salz, Pfeffer, Oregano und Estragon abschmecken.

- Lasagne schichten. Dafür etwa die Hälfte der Hackfleischsauce auf die Zucchini geben, darauf die Hälfte der hellen Pilzsauce. Die restlichen Zucchinistreifen darauf verteilen, dann Hackleischsauce und Pilzsauce daraufgeben.

- Käse reiben und über die Lasagne streuen. Auf mittlerer Schiene etwa 30 Min. backen.

Nährwerte pro Portion:
900 kcal • 69 g F • 14 g KH • 49 g EW • SR 1,1

Tipp: Diese Lasagne kann man auch ohne Milchprodukte herstellen. Statt Butter Kokosfett oder Schmalz benutzen. Frischkäse und Sahne gegen Kokosmilch tauschen und die Pilze damit ablöschen. Auch ohne abschließenden Hartkäse schmeckt die Lasagne sehr lecker!

Hühnersuppe

›› So einfach, so gut. Wer kennt sie nicht, die Hühnersuppe als Hausmittel bei Erkältung und Co. Ihren Ruf als Heilmittel hat sie völlig zu Recht, denn durch die lange Garzeit werden wichtige Mineralstoffe gelöst. Böse Zungen behaupten, die heilende Wirkung liege an den Antibiotika, die dem Geflügel so gern verabreicht werden. Da wir bei LCHF aber auf Fleisch von guter Qualität achten, brauchen wir uns über Medikamentenrückstände im Fleisch keine Gedanken zu machen.

gut vorzubereiten, laktosefrei
Für 4 Portionen
30 Min. + 2 Std. Garzeit

- 1 küchenfertiges Suppenhuhn, 1,5 kg
- 1 Bund Suppengrün
- 1 Petersilienwurzel
- 1 Zwiebel
- 1 daumengroßes Stück Ingwer
- 1 Knoblauchzehe
- 2 Gewürznelken
- 1 Lorbeerblatt
- 1 TL Salz
- Pfeffer
- 1 Möhre
- 1 Pastinake
- 1 Bund Lauchzwiebeln
- optional: Kurkuma

● Suppenhuhn gründlich von innen und außen waschen, in einen großen Topf legen und mit Wasser bedecken. Suppengrün putzen. Petersilienwurzel, Zwiebel, Knoblauch und Ingwer schälen. Alles in grobe Stücke schneiden. Zusammen mit allen Gewürzen, bis auf Kurkuma, zum Huhn geben und bei geringer Hitze 1,5–2 Std. köcheln lassen, bis das Fleisch vom Knochen fällt. Schaum, der beim Kochen entsteht, abschöpfen. Sonst wird die Suppe bitter.

● Möhre und Pastinake schälen, Lauchzwiebeln waschen, putzen und alles in mundgerechte Stücke schneiden. Huhn herausnehmen. Brühe durch ein Sieb in einen zweiten Topf gießen und aufkochen lassen. Übriges Gemüse zufügen und weitere 20 Min. garen lassen.

● Wenn gewünscht, Fleisch vom Knochen lösen, klein schneiden und zur Suppe geben. Mit Salz, Pfeffer und optional Kurkuma abschmecken.

Nährwerte pro Portion:
360 kcal • 26 g F • 5 g KH • 24 g EW • SR 0,9

Tipp: Für die Familie können Sie eine Portion mit Reis oder kleinen Nudeln versehen.

Fischfilet à la Nonna

» Eine ältere Italienerin schwärmte mir einmal von ihrem echten italienischen Parmesan vor. Es war wirklich süß, ihr in ihrer Begeisterung zuzuhören. Sie endete dann mit den Worten: »Wir Frauen hier in der Region wissen gar nicht, wie wir ohne Parmesan kochen sollen.« Bei diesem Rezept muss ich immer an sie denken – ein Hoch auf den Parmesan, der dem Fisch das gewisse Extra gibt!

gut vorzubereiten
Für 2 Portionen
15 Min. + 25 Min. Backzeit

- Butter zum Einfetten
- 250 g festes Fischfilet (z. B. Lachs, Lachsforelle), frisch oder TK
- Salz
- Pfeffer
- Je 1 EL abgeriebene Schale und Saft von 1 Bio-Zitrone
- 1 große Tomate
- ½ TL Rosmarin, getrocknet
- 100 g Mozzarella
- 2 EL Parmesan, gerieben
- Basilikum, fein geschnitten

● Backofen auf 180 Grad (Umluft 160 Grad) vorheizen. Eine kleine Auflaufform mit Butter fetten.

● Fischfilet ggf. auftauen lassen, kalt abspülen, trocken tupfen und halbieren. In die Auflaufform geben und mit Salz, Pfeffer, Zitronenschale und -saft würzen.

● Tomate häuten, in Scheiben schneiden und dabei das Grün entfernen. Tomatenscheiben auf Filet verteilen und mit Salz, Pfeffer und Rosmarin würzen.

● Mozzarella in dünne Scheiben schneiden, auf die Tomaten geben und mit Parmesan bestreuen. Auf mittlerer Schiene 25 Min. garen. Vor dem Servieren mit Basilikum bestreuen.

Das passt dazu: Zucchinipüree mit Mandeln und Reis für die Familie

Nährwerte pro Portion:
535 kcal • 38 g F • 4 g KH • 40 g EW • SR 0,86

Überbackene Hack-Omeletts

» Mit diesem Gericht können Sie bei Ihren Gästen punkten! Jede Wette, dass die wenigsten merken, dass es sich bei den Omeletts nicht um herkömmliche Pfannkuchen handelt. Ein einfacher grüner Salat rundet diese Mahlzeit perfekt ab.

für Gäste

Für 2 Portionen

40 Min. + 20 Min. Backzeit

- 150 g Champignons
- 1 Tomate
- 1 Knoblauchzehe
- 1 Zwiebel
- 1 Handvoll frische Petersilie
- 3 EL Butterschmalz + etwas mehr zum Einfetten
- 200 g Hackfleisch nach Wahl
- 2 EL Tomatenmark
- Salz
- Pfeffer
- 4 Eier
- 2 EL Sahne
- 50 g Bergkäse

● Champignons putzen und würfeln. Tomate waschen, vierteln, entkernen und in kleine Würfel schneiden. Knoblauch und Zwiebel schälen, fein hacken. Petersilie waschen, trocken tupfen, hacken.

● 1 EL Butterschmalz in einer Pfanne erhitzen, Champignons darin scharf anbraten. Hackfleisch zugeben und krümelig braten. Knoblauch, Zwiebel, Tomatenmark und Tomate zugeben, mit Salz und Pfeffer abschmecken. Auf niedriger Stufe etwa 10 Minuten köcheln lassen.

● Backofen auf 200 Grad (Umluft 180 Grad) vorheizen. Eine Auflaufform einfetten.

● Eier mit Sahne, Salz und Pfeffer verquirlen. In einer Pfanne etwas Butterschmalz zerlassen und aus dem Teig 2 Omeletts ausbacken. Diese jeweils kurz vor Ende der Garzeit einmal wenden.

● Petersilie unter die Hackmasse rühren. ¼ der Masse beiseitestellen, mit dem Rest die Omeletts gleichmäßig belegen und aufrollen. Nebeneinander in die Form legen und das übrige Hackfleisch darauf verteilen. Käse reiben und über die Omeletts streuen. Auf unterer Schiene etwa 15 Min. überbacken.

Nährwerte pro Portion:

700 kcal • 54 g F • 8 g KH • 40 g EW • SR 1,13

Pikante Schalotten-Tarte-Tatin

›› Der Begriff »Tarte tatin« stammt aus der französischen Küche und meint einen umgestürzten Kuchen (meist Apfel) aus Blätter- oder Mürbeteig. Bei dieser herzhaften Variante nehmen wir Schalotten und selbst gemachten LCHF-Mürbeteig.

braucht etwas mehr Zeit
Für 4 Stücke
20 Min. + 60 Min. Kühlzeit + 50 Min. Backzeit

Für den Teig:
- 250 g Mandeln, gemahlen
- 50 g Leinsamen, geschrotet
- 1 EL Guarkernmehl
- 150 g weiche Butter
- Salz
- 1 Ei

Für die Tarte:
- 450 g Schalotten
- 1 EL Honig
- 50 g Butter + etwas mehr zum Einfetten
- 1 EL Aceto Balsamico
- Salz
- Pfeffer

- Für den Teig alle Zutaten in eine Rührschüssel geben und mit den Knethaken zu einem glatten Teig verarbeiten. Falls der Teig zu krümelig ist, etwas Sahne zugeben. Sollte er zu nass sein, noch etwas Nussmehl hinzufügen. Teig mit den Händen zu einer Kugel kneten, in Frischhaltefolie wickeln und für 1 Std. kühl stellen.

- Für die Tarte Schalotten schälen und halbieren. Honig in eine Pfanne geben und leicht erwärmen, dabei karamellisiert er. Achtung: nicht zu stark erhitzen! Vom Herd nehmen. Butter, Aceto Balsamico, Salz und Pfeffer unterrühren.

- Backofen auf 160 Grad (Umluft 140 Grad) vorheizen. Eine Pie-Form (ca. 28 cm Durchmesser) einfetten und die Sauce auf den Boden der Form streichen. Nun die Schalotten mit der Schnittfläche nach unten auf der Sauce platzieren. Den Teig ausrollen und die Schalotten damit zudecken. Ränder nach unten andrücken.

- Die Tarte etwa 50 Min. backen, bis sie schön gebräunt ist. Anschließend auf eine Tortenplatte stürzen und noch warm servieren.

Nährwerte pro Portion:
870 kcal • 79 g F • 11 g KH • 22 g EW • SR 2,39

Lammburger im Salatblatt

» Wenn die Lust auf Fast Food hochkommt. Wenn noch Platz auf dem Grill ist. Wenn es keinen besonderen Grund gibt – einfach, weil es schmeckt: Burger! Vielleicht ist ein Burger ohne Brot nicht vorstellbar für Sie? Probieren Sie mal einen Burger im Salatblatt und Sie werden feststellen, dass das Brötchen völlig überbewertet wird!

geht schnell
Für 2 Portionen
20 Min. + 10 Min. für die Sauce

- 2 Schalotten
- 3 EL Olivenöl
- ½ Gurke
- 1 Tomate
- 300 g Lammhackfleisch
- 1 Ei
- ½ TL Bockshornklee, gemahlen
- ½ TL Kreuzkümmel, gemahlen
- Salz
- Pfeffer
- 4 Scheiben Cheddar
- 4 große Blätter Eisbergsalat
- 4 TL Burger-Sauce (Seite 123)

- Schalotten schälen, in feine Ringe schneiden und in 2 EL Olivenöl in einen kleinen Topf bei mittlerer Hitze etwa 15 Min. darin sanft köcheln lassen. Aus dem Fett heben. Gurke schälen, Tomate waschen. Beides in Scheiben schneiden.

- Hackfleisch mit Ei, Bockshornklee, Kreuzkümmel, Salz und Pfeffer verkneten und 4 Burgerpattys formen. 1 EL Olivenöl in einer Pfanne erhitzen und die Pattys darin anbraten. Dafür zunächst von beiden Seiten auf hoher Stufe braten und anschließend auf mittlerer Hitze etwa 10 Min. gar ziehen lassen. Kurz vor Ende der Garzeit auf jeden Patty 1 Scheibe Cheddar legen und schmelzen lassen.

- Jeweils auf ein Salatblatt einen Patty setzen, mit Gurke, Schalotte und Tomate belegen und zum Schluss Sauce darübergeben. Salatblatt vorsichtig um die Füllung wickeln und genießen.

Nährwerte pro Portion:
920 kcal • 79 g F • 6 g KH • 40 g EW • SR 1,45

Tipp: Etwas weniger gehaltvoll wird es, wenn Sie statt Burger-Sauce normale Mayonnaise benutzen.

Ofengemüse

» Gemüse, Gemüse, Gemüse ... Es ist eines der größten Irrtümer in Bezug auf LCHF, dass diese Ernährung sehr fleischbetont sei. Das ist nicht so! Dieses Rezept ist ein unkompliziertes Basis-Rezept und kann einzeln genossen oder auch zur Beilage umfunktioniert werden.

gelingt leicht
Für 2 Portionen
15 Min. + gemüseabhängige Garzeit

- 750 g Gemüse
- 1 Knoblauchzehe
- 50 ml Olivenöl
- 1 Zwiebel
- Salz
- Pfeffer
- optional: Kräuter der Provence

das passt zusammen:

- Brokkoli, Blumenkohl, Kohlrabi – Garzeit etwa 25 Min.
- Möhre, Pastinake, Rote Bete – Garzeit etwa 50 Min.
- Aubergine, Tomate, Zucchini – Garzeit etwa 20 Min.
- Spaghettikürbis, Porree – Garzeit etwa 25 Min.
- Fenchel, Porree, Brokkoli – Garzeit etwa 30 Min.

- Backofen auf 180 Grad (Umluft 160 Grad) vorheizen.

- Gemüse nach Wahl waschen, putzen und in mundgerechte Stücke schneiden. Zwiebel schälen und würfeln.

- Knoblauch schälen, pressen und mit dem Öl in einer Schüssel zu einer Marinade verrühren. Mit Salz und Pfeffer und optionalen Kräutern würzen. Das Gemüse zugeben, gründlich mischen und gleichmäßig auf dem Backblech verteilen.

- In den Backofen geben und garen lassen (Garzeiten s. Gemüsevorschläge).

Nährwerte:
Aufgrund der verschiedenen Varianten hier keine Nährwertangabe.

Tipp: Mit Käse überbacken wird es zur Hauptmahlzeit. Dafür 15 Min. vor Ende der Garzeit 150 g geriebenen Käse über das Gemüse streuen.

Gefüllte Wirsingrouladen

» Wer meint, Wirsingrouladen könnten nicht vegetarisch sein, der irrt! Hier kommt ein Rezept für den Klassiker, diesmal mit Champignons und Bergkäse gefüllt. Ein feines Essen, mit dem Sie auch bei Gästen punkten können.

braucht etwas mehr Zeit
Für 2 Portionen
45 Min. + 20 Min. Garzeit

Für die Sauce:
- 1 Schalotte
- 2 EL trockener Weißwein
- 2 EL Weißweinessig
- 100 ml Gemüsebrühe
- 2 EL Sahne
- 100 g kalte Butter
- 1 Handvoll Schnittlauch

Für die Roulade:
- 350 g Champignons
- 1 Knoblauchzehe
- 50 g kräftiger Bergkäse
- 2 EL Butterschmalz
- Salz
- Pfeffer
- 2 große Blätter vom Wirsing

- Für die Sauce Schalotte schälen und fein hacken. In einem kleinen Topf Wein, Essig, Brühe und Schalottenwürfel aufkochen lassen. Etwa 15 Min. auf kleiner Hitze offen reduzieren.

- Währenddessen Backofen auf 180 Grad (Umluft 160 Grad) vorheizen.

- Champignons putzen, Knoblauch schälen und beides fein hacken. Bergkäse reiben. Butterschmalz in einer Pfanne erhitzen, Knoblauch darin anbraten. Champignons zufügen und 3 Min. unter Rühren mitbraten lassen. Bergkäse unterrühren und vom Herd nehmen, mit Salz und Pfeffer abschmecken.

- In einem großen Topf Salzwasser zum Kochen bringen und Wirsingblätter einzeln darin blanchieren. Herausnehmen, abtropfen lassen, den Strunk herausschneiden und ausbreiten. Jeweils die Hälfte der Champignon-Käse-Füllung auf ein Wirsingblatt setzen, Wirsing von der Seite her einklappen und dann von der langen Seite aus aufrollen. Rouladen mit Küchengarn umwickeln und in die Auflaufform setzen.

- Sahne zur Sauce geben und aufkochen lassen. Kalte Butter in etwa 2 cm große Würfel schneiden. Sauce auf niedrigste Stufe stellen, Butter nach und nach unterrühren. Salzen und pfeffern. Sauce um die Rouladen gießen und im Ofen auf mittlerer Schiene 20 Min. garen. Schnittlauch waschen, trocken tupfen, in feine Ringe schneiden und vor dem Servieren über die Rouladen streuen.

Nährwerte pro Portion:
705 kcal • 68 g F • 4 g KH • 14 g EW • SR 3,78

Fischpäckchen

»Der Fisch wird in Butterbrotpapier eingeschlagen und zu einem Päckchen verschnürt; so wird der Fisch im eigenen Saft gegart und bleibt zart und saftig. Gemüse, Kräuter und Butter geben dem Fischpäckchen ein köstliches Aroma. Servieren Sie der Familie Reis dazu, alternativ passt auch das Zucchini-Mandel-Püree sehr gut.

gut vorzubereiten, laktosefrei

Für 2 Portionen

30 Min. + 20 Min. Garzeit

- 1 Lauchzwiebel
- 1 Zucchini
- 1 Möhre
- 2 Thunfischmedaillons à 150 g
- Salz
- Pfeffer
- ½ Bio-Zitrone
- 1 kleine Tomate
- 4 Stängel Petersilie
- 4 Blätter Basilikum
- 1 Knoblauchzehe
- 6 EL Butter

- Backofen auf 220 Grad (Umluft 200 Grad) vorheizen.

- Lauchzwiebel putzen, waschen und in feine Ringe schneiden. Zucchini und Möhre waschen, putzen und mit einem Spiralschneider oder einem Julienne-Schäler in feine Spiralnudeln verwandeln. Butterbrot- oder Backpapier ausbreiten, das Gemüse darauf verteilen.

- Fisch abspülen, trocken tupfen und auf das Gemüse setzen. Salzen und pfeffern. Zitrone und Tomate waschen, in Scheiben schneiden. Kräuter waschen, trocken tupfen, fein hacken. Alles auf den Fisch geben.

- Knoblauch schälen, pressen und mit Butter verkneten. Die Butter auf die Päckchen verteilen. Papier von der langen Seite her einschlagen und fest falten. Die seitlichen Enden zusammenraffen und mit Küchengarn festbinden. Auf ein Backblech heben und auf mittlerer Schiene 15–20 Min. garen. Sobald sich die Päckchen aufblähen, sind sie fertig.

Nährwerte pro Portion:
665 kcal • 50 g F • 11 g KH • 38 g EW • SR 1,02

Tipp: Sie können den Thunfisch auch gegen ein anderes festes Fischfilet austauschen. Lachs oder Kabeljau sind dafür geeignete Kandidaten.

Blumenkohlcurry mit Eiern

›› Blumenkohl passt sich vielen Gerichten an: herzhaft, pikant, süß – ein echter Tausendsassa unter den Gemüsesorten. Hier kommt ein Rezept für ein Curry, wo sich die Eier sehr gut einfügen und eine vollwertige Mahlzeit daraus machen. Übrigens, wer nicht so viele einzelne Gewürze im Haus hat, kann auch eine fertige Curry-Gewürzmischung benutzen.

gelingt leicht, laktosefrei
Für 2 Portionen
30 Min.

- 1 kleiner Blumenkohl
- 1 Pastinake
- 1 Tomate
- 1 grüne Chilischote
- 3 EL Kokosöl
- 1 TL Kreuzkümmel, gemahlen
- ½ TL Kurkuma, gemahlen
- ½ TL Koriander, gemahlen
- ½ TL Cayennepfeffer
- Salz
- 100 ml Kokosmilch
- 4 Eier
- 1 Stängel frischer Koriander
- optional: 2 EL Mandelblättchen

● Blumenkohl waschen, putzen und in Röschen zerteilen. Pastinake schälen und in Scheiben schneiden. Tomate waschen und klein würfeln. Chilischote waschen, halbieren, Kerne entfernen und in feine Ringe schneiden.

● Kokosöl erhitzen, alle Gewürze und Chili zugeben und unter Rühren etwa 1 Min. rösten. Gemüse zugeben, kurz mitrösten lassen und mit 100 ml Wasser und Kokosmilch ablöschen. Zugedeckt etwa 20 Min. köcheln lassen, ab und zu umrühren und verdampfte Flüssigkeit durch Wasser ersetzen.

● Eier in kochendem Wasser 10 Min. hart kochen, abschrecken, pellen und halbieren. Curry mit Salz abschmecken und Eier zufügen. Mit Korianderblättchen bestreuen.

Nährwerte pro Portion:
540 kcal • 43 g F • 12 g KH • 22 g EW • SR 1,26

Tipp: Den Blumenkohl können Sie gegen Brokkoli austauschen, die Zubereitung bleibt gleich. Und als kleines Extra sind Mandelblättchen toll: Dafür 2 EL Mandelblättchen ohne Fett in einer Pfanne rösten und zum Schluss über das Curry geben.

Topinambursuppe mit Selleriechips

» Topinambur wird auch »Diabetiker-Kartoffel« genannt, weil sie geschmacklich der Kartoffel ähnelt, statt Stärke jedoch Inulin liefert. Inulin wird als Ballaststoff kaum verstoffwechselt und sorgt, ganz im Gegensatz zur Stärke, für einen ruhigen Blutzuckeranstieg. Daher ist Topinambur, trotz augenscheinlich etwas mehr KH, bestens für LCHF geeignet.

gut vorzubereiten
Für 2 Portionen
45 Min.

- 300 g Knollensellerie
- 2 EL Olivenöl
- Salz
- 400 g Topinambur
- 1 Zwiebel
- 1 Knoblauchzehe
- 1 Handvoll Thymian
- 2 EL Butterschmalz
- 1 l Gemüsebrühe
- 75 ml trockener Weißwein
- 200 g Sahne
- Pfeffer

● Backofen auf 200 Grad (Umluft 180 Grad) vorheizen. Ein Bachblech mit Backpapier auslegen.

● Knollensellerie schälen, in ca. 3 cm breite und 3 cm hohe Stücke und quer in feine Scheiben schneiden. Mit Olivenöl und Salz mischen, auf dem Backblech verteilen und etwa 20 Min. garen.

● Topinambur schälen und würfeln. Zwiebel und Knoblauch schälen und fein hacken. Thymian waschen, trocken tupfen und fein hacken. Butterschmalz in einem Topf erhitzen, das Gemüse kurz darin dünsten.

● Mit Gemüsebrühe und Weißwein ablöschen, Sahne dazugießen, mit Salz und Pfeffer würzen und für etwa 30 Min. offen köcheln lassen.

● Selleriechips aus dem Ofen nehmen und auf Küchenkrepp abtropfen lassen. Suppe pürieren, auf Tellern anrichten und mit den Chips dekorieren.

Nährwerte pro Portion:
550 kcal • 44 g F • 17 g KH • 10 g EW • SR 1,63

Hähnchencurry

›› Ein bisschen Indien in der Küche gefällig? Bitte schön! Die vielfältigen Gewürze machen das Hähnchencurry zum Geschmackserlebnis. Natürlich können Sie alternativ auch fertig gemischtes Currypulver benutzen. Dieses Gericht liefert sehr viele wertvolle Mineralien, die durch das lange Schmoren aus den Knochen gelöst werden.

braucht etwas mehr Zeit
Für 4 Portionen
30 Min. + 3 Std. Schmorzeit

- 1 küchenfertiges Hähnchen, ca. 1,5 kg
- Salz
- 2 rote Zwiebeln
- 1 daumengroßes Stück frischer Ingwer
- 1 Fleischtomate
- 4 EL Kokosfett
- 1 EL abgeriebene Schale von 1 Bio-Zitrone
- 1 Zimtstange
- 2 TL Kardamom, gemahlen
- 1 TL Anis, gemahlen
- 1 TL Chilipulver
- 1 TL gelbe Senfsamen
- 4 TL Kurkuma, gemahlen
- 2 TL Kreuzkümmel, gemahlen
- 400 ml Knochenbrühe (Seite 130)
- 1 EL Weißweinessig

● Hähnchen waschen, trocken tupfen und zerteilen, das geht am besten in den Gelenken. Alle Stücke salzen. Zwiebeln und Ingwer schälen, Tomate waschen und alles in feine Würfel schneiden.

● Kokosfett in einem Schmortopf erhitzen. Die Hähnchenteile portionsweise bei mittlerer Hitze anbraten und herausnehmen. Alle Zutaten, bis auf das Fleisch, in den Topf geben und anbraten. Mit Brühe und Weißweinessig ablöschen, aufkochen lassen.

● Das Fleisch zugeben und zugedeckt auf niedriger Stufe etwa 3 Std. sanft köcheln lassen. Dabei gelegentlich umrühren und, falls zu viel Wasser verdampft, etwas Wasser nachgießen. Fertig ist das Curry, wenn das Hähnchenfleisch vom Knochen fällt. Knochen auslösen und die Zimtstange entfernen. Final mit Salz abschmecken.

Das passt dazu: Blumenkohlreis (Seite 123) oder Basmatireis für die Familie und zum Dessert ein Bullet-Proof-Coffee (Seite 118)

Nährwerte pro Portion:
590 kcal • 39 g F • 3 g KH • 53 g EW • SR 0,69

Tipp: Weil ein ganzes Hähnchen verwendet wird, ist dieses Rezept für 4 Personen ausgelegt. Falls Reste bleiben – Hähnchencurry passt toll als Füllung in Wraps (Seite 58).

Brokkoli-Speck-Quiche

» Diese Quiche gibt es bei uns oft, wenn Gäste kommen. Die meisten merken nicht einmal, dass es kein »normaler« Boden ist!

laktosefrei, gut vorzubereiten
Für 4 Portionen
30 Min. + 40 Min. Backzeit

40 g Kokosöl + etwas mehr zum Einfetten • 150 g Mandeln, gemahlen • 1 Ei • Salz • 1 Stange Lauch • 500 g Brokkoli • 1 EL Kokosöl • 8 Eier • 200 ml Kokosmilch • Pfeffer • Muskat • 125 g geräucherter Speck, gewürfelt

- Backofen auf 160 Grad (Umluft 140 Grad) vorheizen. Kokosöl schmelzen. Eine Springform (26 cm Durchmesser) einfetten.

- Mandeln, Ei, ½ TL Salz und Öl verkneten. Teig in die Form geben, auf dem Boden andrücken, mit einer Gabel mehrfach einstechen. Im Ofen etwa 12 Min. vorbacken, herausnehmen. Backofentemperatur auf 200 Grad (Umluft 180 Grad) erhöhen.

- Gemüse waschen und putzen. Lauch in feine Ringe schneiden, Brokkoli in Röschen teilen. Gemüse im heißen Fett 5 Min. garen. Eier, Kokosmilch, Salz, Pfeffer und Muskat verrühren.

- Gemüse und Speck auf den Mandelboden geben. Eiermischung darübergießen und weitere 40 Min. backen.

Nährwerte pro Portion:
715 kcal • 58 g F • 9 g KH • 34 g EW • SR 1,35

Schweinefilet mit Haselnuss-Senf-Kruste

» Saftiges Filet trifft auf angenehme Schärfe, abgemildert von Eiweiß und perfekt ergänzt durch Haselnüsse.

geht schnell
Für 2 Portionen
20 Min. + 25 Min. Garzeit

300 g Schweinefilet • 1 EL Schweineschmalz • Salz • Pfeffer • Chilipulver • 2 Eiweiß • 1 Prise Salz • 1 EL Dijonsenf • 40 g Haselnüsse, gemahlen • 2 EL weiche Butter • 1 Handvoll Schnittlauch

- Backofen auf 150 Grad (Umluft 130 Grad) vorheizen.

- Schweinefilet in 2 cm dicke Scheiben schneiden und im heißen Schmalz von jeder Seite 1–2 Min. anbraten. In eine Auflaufform legen und mit Salz, Pfeffer und Chili würzen.

- Eiweiß mit 1 Prise Salz steif schlagen. Senf und Haselnüsse unterheben. Eiweiß-Senf-Masse auf den Filetstücken verteilen und Butter in Flocken daraufgeben. Im Ofen auf mittlerer Schiene 25–30 Min. fertig garen. Vor dem Servieren mit Schnittlauchröllchen bestreuen.

Das passt dazu: gedünstetes Gemüse mit Sauce hollandaise, für die Sie das übrige Eigelb nutzen können. Für die Familie Salzkartoffel

Nährwerte pro Portion:
530 kcal • 37 g F • 4 g KH • 41 g EW • SR 0,82

Brokkoli-Speck-Quiche »

Lammbraten aus dem Schmortopf

›› Viele Jahre habe ich einen großen Bogen um Lammfleisch gemacht, nachdem ein paar Versuche, das Fleisch genießbar zuzubereiten, kläglich gescheitert sind. Eigentlich ist die Zubereitung jedoch denkbar einfach und das Fleisch wird zart und saftig, wenn man die richtige Methode kennt. In diesem Fall lassen wir den Braten sanft in Gemüse schmurgeln.

gelingt leicht
Für 2 Portionen
15 Min. + 90 Min. Schmorzeit

- 400 g Lammfleisch aus der Keule, ohne Knochen
- 1 Knoblauchzehe
- 2 EL Olivenöl
- ½ TL Rosmarin
- Salz
- Pfeffer
- 1 Pastinake
- 1 Fenchelknolle
- 1 EL Butterschmalz
- 50 ml trockener Weißwein
- 200 ml Wasser
- 2 EL Butter

- Fleisch waschen und trocken tupfen, an der Oberfläche mit einem scharfen Messer kleine Einschnitte machen. Knoblauch schälen, pressen, mit Olivenöl und Rosmarin mischen und Braten damit einreiben. Mit Salz und Pfeffer würzen.

- Gemüse waschen, putzen und grob zerkleinern. Schmalz in einem Schmortopf erhitzen und Fleisch von allen Seiten darin scharf anbraten. Gemüse zugeben, mit Wein und Wasser ablöschen und zugedeckt 90 Min. auf mittlerer Hitze schmoren lassen, nach der Hälfte der Zeit einmal wenden.

- Braten aus dem Topf heben, Bratensatz und Gemüse pürieren. Butter unter Rühren zufügen und mit Salz, Pfeffer und Rosmarin abschmecken. Braten in Scheiben schneiden und zurück in die Sauce legen.

Das passt dazu: Auberginenpüree und für die Familie Bandnudeln

Nährwerte pro Portion:
770 kcal • 63 g F • 6 g KH • 39 g EW • SR 1,4

Tipp: Pastinake kann gegen Möhre ausgetauscht werden.

Lammtopf aus dem Ofen

» Lammfleisch eignet sich perfekt für einen Eintopf. In diesem Fall nehmen wir Aubergine und Tomate, die in Kombination mit Rosmarin und Zimt ein wunderbares Aroma entfalten.

braucht etwas mehr Zeit
Für 2 Portionen
40 Min. + 2 Std. Schmorzeit

- 400 g Lammfleisch aus Brust oder Keule, ohne Knochen
- 1 kleine Zwiebel
- 1 Knoblauchzehe
- 1 mittelgroße Tomate (130 g)
- 1 EL Butterschmalz
- Salz
- Pfeffer
- 1 Msp. Zimt, gemahlen
- 1 Msp. Rosmarin, gerebelt
- 1 TL Tomatenmark
- 50 ml trockener Weißwein
- 300 ml Wasser
- 1 Aubergine
- 1 EL Zitronensaft
- 1 TL Thymian, gerebelt

● Backofen auf 160 Grad (Umluft 140 Grad) vorheizen.

● Fleisch waschen, trocken tupfen und in 2 cm große Würfel schneiden. Zwiebel und Knoblauch schälen und fein würfeln. Tomate häuten und würfeln. Butterschmalz in einem Bräter erhitzen, das Fleisch darin portionsweise scharf anbraten. Zwiebel und Knoblauch zugeben und auf mittlerer Stufe 2 Min. mitgaren. Mit Salz und Pfeffer würzen.

● Tomate, Zimt, Rosmarin und Tomatenmark zum Fleisch geben und unterrühren. Weißwein und Wasser über das Fleisch gießen und zugedeckt im Ofen 60 Min. schmoren lassen.

● In der Zwischenzeit Aubergine waschen, putzen und in mundgerechte Würfel schneiden. Aubergine und Zitronensaft zum Fleisch geben und weitere 60 Min. schmoren. Vor dem Servieren mit Salz, Pfeffer und Thymian abschmecken.

Das passt dazu: Tsatsiki (Seite 126) für alle und frisches Baguette für die Familie

Nährwerte pro Portion:
715 kcal • 57 g F • 9 g KH • 36 g EW • SR 1,27

Spiegeleibraten ist auch Kochen

Wer kennt sie nicht, die Tage, die man am liebsten streichen möchte. Gerade dann schlägt zumindest bei mir oft gnadenlos der Appetit zu und doch habe ich eigentlich keine Zeit oder Energie oder wahlweise beides, noch groß etwas zu kochen. Darum habe ich Ihnen hier meine Liste an Ideen zusammengestellt, was Sie an diesen Tagen dennoch essen können. Rezepte, für die man eigentlich kein Rezept braucht ...

Mascarpone-Beeren-Creme

für 1 zum Sattessen oder für 2 zum Dessert
< 5 Min.

100 g Mascarpone • 100 g Sahne • ½ gemahlene Vanille • 1 Handvoll Beeren • optional etwas dunkle Schokolade

- Mascarpone, Sahne und Vanille glatt rühren, in Dessertschalen füllen.
- Beeren waschen und auf die Creme geben.
- Optional etwas dunkle Schokolade raspeln und darüberstreuen – fertig.

Bullet-Proof-Coffee

für 1 Portion
< 5 Min.

15 g Kokosöl • 15 g Weidebutter • 200 ml Kaffee • optional etwas Zimt

- Alle Zutaten in ein hohes Gefäß geben und mit dem Stabmixer mischen – fertig.

Blitz-Waffel

für 1 Waffel

1 Ei • 1 EL Mandelmus

- Ei und Mandelmus gut verquirlen und im Waffeleisen zur Waffel ausbacken – fertig.

Rührei mit Lachs

für 2 Portionen

4 Eier • 2 EL Sahne • Salz, Pfeffer • 2 EL Butterschmalz • 100 g Räucherlachs • Schnittlauch

- Eier mit Sahne, Salz und Pfeffer verquirlen.

- Butterschmalz in einer Pfanne erhitzen. Eiermasse hineingeben, kurz stocken lassen. Dann mit einem Pfannenwender zerteilen und unter Rühren garen lassen.

- Lachs in mundgerechte Stücke schneiden, Schnittlauch hacken und beides zum Rührei geben – fertig.

Eiermilch

Für 1 Portion
‹ 5 Minuten

2 Eigelb • 40 g Butter • 200 ml heißes Wasser

- Eigelbe in ein hohes Rührgefäß geben. Butter zufügen und schaumig schlagen.

- Wasser aufkochen lassen und zur Buttercreme geben. Kräftig mixen und nach Wunsch mit Gewürzen verfeinern. Geeignet sind Vanille, Zimt, Lebkuchengewürz, Backkakao (ohne Zucker), …

Eier aus dem Glas

für 1 Notfall

2 Eier • Salz • 1 EL Butter

- Eier 7 Min. in kochendem Wasser weichkochen, pellen, in ein Glas geben und leicht zerdrücken. Salzen, Butter drauf – fertig.

Beeren mit Kokossahne

für 2 Portionen

50 g frische Beeren • 100 ml homogene Kokosmilch (bekommt man im Tetrapak, ohne Zusätze) aus dem Kühlschrank • 1 TL gemahlene Vanille

- Beeren waschen.

- Kokosmilch in einem schlanken, hohen Gefäß mit dem Stabmixer aufschlagen, Vanille unterheben.

- Beeren und Kokos-Sahne auf zwei Schälchen verteilen – fertig.

Basics

Butterschmalz, Mayonnaise und Vinaigrette sind für mich unverzichtbar. Natürlich können Sie alle diese Dinge kaufen und manchmal ist die Zeit einfach zu knapp, um alles selbst zu machen. Hier habe ich Ihnen aber ein paar meiner Lieblingsrezepte notiert, wie man sich Basics unkompliziert selbst herstellen kann. Das eine oder andere wird Ihnen vielleicht bekannt sein, aber sicher finden Sie auch noch neue Ideen, wie Sie Ihre Mahlzeiten um ein paar Basics bereichern können.

Manchmal sind es simple Dinge wie ein leckerer Dip oder eine cremige Käsesauce, die aus schlichtem Gemüse einen Hochgenuss machen. Und manchmal sind es die Kleinigkeiten, die ein Plus an Gesundheit bringen – wie z. B. selbst gemachte statt selbst gekaufte Brühen und andere Grundzutaten wie Mayonnaise und Butterschmalz.

« Basilikumpesto

Apfeldip

» Fruchtig-leicht kommt dieser Dip daher und peppt jeden Rohkostteller auf! Statt Mandelsplittern können Sie auch gehackte Walnüsse verwenden und probieren Sie einmal Birne statt Apfel. Meine Lieblingskombi: Selleriestangen + Apfeldip!

gelingt leicht
Für 4 Portionen
15 Min.

1 Schalotte • 1 EL Mandelsplitter • 2 EL Butter • ½ Apfel • 2 EL Zitronensaft • 1 Handvoll frischer Schnittlauch • optional: 1 Knoblauchzehe • 150 g Doppelrahmfrischkäse • Salz • Pfeffer

- Schalotte schälen und klein würfeln. Mandelsplitter ohne Fett in einer Pfanne anrösten und umfüllen.

- Butter in einer Pfanne erhitzen und Schalotte darin dünsten. Vom Herd nehmen und abkühlen lassen.

- Apfel schälen, vierteln, entkernen und reiben. Mit dem Zitronensaft vermischen. Schnittlauch waschen, trocken tupfen und in feine Ringe schneiden. Optional Knoblauch schälen und dazupressen. Alle Zutaten vermischen und mit Salz und Pfeffer abschmecken.

Nährwerte pro Portion:
195 kcal • 18 g F • 4 g KH • 3 g EW • SR 2,57

Basilikumpesto

» Was schmeckt wohl mehr nach Sommer als frisches Pesto? Frisches Basilikum, herzhafter Parmesan und feines Olivenöl ergeben einen unvergleichlichen Geschmack. Probieren Sie Pesto als Dip zum Grillen, kombinieren Sie Gemüsenudeln (Seite 127) damit oder bestreichen Sie Knäckebrot (Seite 52). Pesto lässt sich gut auf Vorrat zubereiten.

geht schnell
Für 4 Portionen
15 Min.

2 Töpfe Basilikum • 2 Knoblauchzehen • 50 g Paranüsse, ungesalzen • 100 ml Olivenöl • 50 g Parmesan • Salz • Pfeffer

- Basilikum waschen, trocken tupfen, Blättchen abzupfen und in ein hohes Gefäß geben. Knoblauch schälen und zum Basilikum pressen. Paranüsse grob hacken und zum Basilikum geben.

- Mit dem Pürierstab alles fein pürieren, nach und nach das Olivenöl zugeben und gründlich mixen. Zuletzt den Parmesan reiben und unterheben. Pesto mit Salz und Pfeffer abschmecken.

- In ein Glas mit Schraubverschluss füllen und im Kühlschrank lagern. Dort ist es einige Tage haltbar.

Nährwerte pro Portion:
350 kcal • 34 g F • 2 g KH • 7 g EW • SR 3,78

Blumenkohlreis

» Ein Klassiker der Low-Carb-Szene: Reisersatz aus Gemüse! Besonders geeignet dafür ist Blumenkohl, eine Beilage, die sehr schnell zubereitet ist.

preisgünstig
Für 2 Portionen
15 Min.

½ Kopf Blumenkohl • 1 Zwiebel • 4 EL Olivenöl • Salz • Pfeffer • optional: Ingwer, Kreuzkümmel

- Blumenkohl putzen, waschen und in Röschen zerteilen. In einer Küchenmaschine oder mit einem Gemüsehobel auf Reiskorngröße zerkleinern. Zwiebel schälen und in kleine Würfel schneiden.
- Olivenöl in einer Pfanne erhitzen, Blumenkohl und Zwiebel darin goldbraun anbraten. Mit Salz, Pfeffer und optionalen Gewürzen abschmecken.

Nährwerte pro Portion:
230 kcal • 19 g F • 6 g KH • 7 g EW • SR 1,46

Tipp: Verfeinern Sie den Reis mit Streifen aus getrockneten Tomaten, geben Sie etwas Sahne und italienische Kräuter dazu und überbacken Sie dann mit Käse – fertig ist die vegetarische Hauptmahlzeit in unter 30 Min.!

Burger-Sauce

» Noch eine Sauce auf Basis der selbstgemachten Mayonnaise – ein Traum zu jedem hausgemachten Burger! Passt aber auch prima zu Gutem vom Grill – ein Allrounder, der auch bei Gästen gut ankommt.

geht schnell
Für 160 g/8 EL
15 Min.

1 Schalotte • 2 EL Olivenöl • 1 kleine Gewürzgurke • 2 EL Crème Double • 1 EL Senf • 1 TL Tomatenmark • 1 TL Paprikapulver, edelsüß • 4 EL Mayonnaise (Seite 127)

- Schalotte schälen, halbieren und in feine Scheiben schneiden. In Olivenöl 10 Min. sanft köcheln lassen.
- Alle Zutaten, bis auf die Mayonnaise, in ein hohes, schmales Gefäß geben und mit dem Stabmixer pürieren. Mayonnaise zufügen und untermischen.
- In ein sauberes, verschließbares Glas füllen und kühl stellen. Hält sich im Kühlschrank etwa 2 Tage.

Nährwerte pro Portion:
130 kcal • 13 g F • 1 g KH • 1 g EW • SR 6,5

Gemüsepüree

Gemüsepürees sind, ebenso wie Gemüsenudeln, unverzichtbarer Bestandteil der LCHF-Küche. Sie sind einfach zuzubereiten und passen sich einem Steak oder Kotelett ohne Probleme an. Zum Püree kann prinzipiell jedes Gemüse verarbeitet werden. Eine tolle Möglichkeit der Resteverwertung ist die Kombination verschiedener Gemüsesorten.

gelingt leicht
Für 2 Portionen
30 Min.

Grundrezept:
500 g Gemüse nach Wahl • Salz • Pfeffer • 50 g Butter

- Gemüse je nach Sorte in etwas Wasser dünsten oder in der Pfanne garen. Wasser abschütten, Gemüse mit Salz und Pfeffer würzen und zusammen mit der Butter pürieren.

Es gibt viele Kombinationsmöglichkeiten für ein tolles Gemüsepüree:

Zucchini: Salz • Pfeffer • Rosmarin • 50 g gemahlene Mandeln

Aubergine: Salz, Pfeffer, Kurkuma

Blumenkohl: Salz, Pfeffer, Curry, Knoblauch

Brokkoli: Salz, Pfeffer, Zitrone und 50 g gehackte Macadamianüsse

Nährwerte:
Aufgrund der Vielzahl an Möglichkeiten diesmal ohne Nährwerte

Oopsies

Oopsies lassen sich vielseitig einsetzen, als klassischer Brotersatz, als Unterlage für Pizzabeläge oder sogar als Zwischenböden für Sahnetorten.

gelingt leicht
Für 2 Portionen
5 Min. + 25 Min. Backzeit

3 Eier • Salz • 100 g Doppelrahmfrischkäse

- Backofen auf 170 Grad (Umluft 150 Grad) vorheizen. Ein Backblech mit Backpapier auslegen.
- Eier trennen, Eiweiß mit 1 Prise Salz steif schlagen. Eigelb mit Frischkäse zu einem glatten Teig verrühren. Eischnee vorsichtig unterheben. Den Teig in 4 Haufen auf das Backblech geben und etwa 25 Min. backen.

Nährwerte pro Portion:
250 kcal • 20 g F • 3 g KH • 12 g EW • SR 1,33

Tipp: Oopsies kann man unendlich variieren. Man kann sie z. B. als Pizzaboden benutzen oder als Ersatz für einen Wrap. Mit Sesam drauf werden sie zu Fladenbrot und mit etwas Vanille im Teig erinnern sie entfernt an Milchbrötchen. Viel Spaß beim Variieren!

Gemüsepüree »

Tsatsiki

›› Tsatsiki gibt es natürlich auch fertig zu kaufen. Leider kauft man dann die unerwünschten Zusatzstoffe gleich mit. Tsatsiki ist aber so schnell selbst gemacht, dass Sie die Fertigpackung nicht vermissen werden.

gelingt leicht
Für 2 Portionen
10 Min.

½ Salatgurke • Salz • 200 g griechischer Joghurt, 10 % Fett i.Tr. • 2 Knoblauchzehen • Pfeffer

- Gurke schälen und grob reiben. Salzen und 5 Min. stehen lassen, das Salz zieht die Flüssigkeit aus den Gurken. Sobald sich die Flüssigkeit absetzt, Gurkenwasser abschütten und Gurkenraspel mit Joghurt mischen. Knoblauchzehen schälen und zum Joghurt pressen. Tsatsiki mit Salz und Pfeffer abschmecken.

Das passt dazu: toller Dip zum Grillen, aber auch prima für die Mittagspause mit ein bisschen Rohkost dazu

Nährwerte pro Portion:
130 kcal • 10 g F • 7 g KH • 4 g EW • SR 0,91

Tipp: Wenn Sie mögen, fügen Sie noch einen 1 EL Olivenöl hinzu, das verbessert die Skaldeman-Ratio.

Sahne-Senf-Dressing Sylter Art

›› Bestens für Eiersalate oder auch einen Ceasar's Salad eignet sich die Sylter Sauce. Auch hier gilt: einfach etwas mehr machen! Sofern Sie ganz frisches Eigelb verwenden, können Sie die Sauce 1–2 Tage fest verschlossen im Kühlschrank aufbewahren.

gut vorzubereiten
Für 6 Portionen
5 Min.

1 Eigelb • 1 TL Senf • 1 TL Zitronensaft • 1 TL Weißweinessig • 125 ml Oliven- oder Rapsöl, kalt gepresst • 2 EL Sahne • 1 TL flüssiger Honig • Salz • Pfeffer

- Eigelb mit Senf, Zitronensaft und Essig in einem hohen Gefäß mit dem Pürierstab zu einer Creme verquirlen. Öl nach und nach zugießen und dabei weiter mixen.

- Sahne und Honig unterrühren und mit Salz und Pfeffer abschmecken.

Nährwerte pro Portion:
200 kcal • 21 g F • 1 g KH • 1 g EW • SR 10,5

Tipp: Die Sauce wird dickflüssiger, wenn Sie statt Sahne Crème fraîche benutzen. Die Nährwerte bleiben gleich.

Mayonnaise

» Diese schnelle, simple Zubereitung von Mayonnaise erfordert etwas Übung, aber wenn Sie einmal den Bogen raushaben, werden Sie nie wieder anders Mayonnaise machen wollen.

gelingt leicht
Für 160 g/8 EL
5 Min. + 30 Min. Ruhezeit

1 Ei • 1 TL Senf • Jeweils 1 Prise Salz, Pfeffer und Paprika • 150 ml Öl (Oliven- oder Rapsöl, kalt gepresst) • 1 EL Zitronensaft

- Alle Zutaten aus dem Kühlschrank nehmen und 30 Min. Zimmertemperatur annehmen lassen. Das ist für das Gelingen der Mayonnaise der entscheidende Punkt!

- Ei vorsichtig in ein hohes, schmales Gefäß geben, Senf und Gewürze zugeben. Nun den Pürierstab über den Eidotter setzen und das Öl vollständig zugießen. Pürierstab einschalten und den Bodensatz mixen. Langsam den Pürierstab nach oben ziehen. Dabei emulgiert das Öl.

- Zum Schluss den Zitronensaft unterrühren und die fertige Mayonnaise in ein sauberes Glas mit Deckel umfüllen. Hält sich etwa 2 Tage im Kühlschrank.

Nährwerte pro Portion:
160 kcal • 17 g F • 0 • 2 g KH • 0 • 8 g EW • SR 17

Zucchininudeln

» Gemüsenudeln lassen sich schnell und unkompliziert aus den meisten festen Gemüsesorten herstellen – allen voran Zucchini, gefolgt von Kohlrabi, Möhren und Rettich.

geht schnell
Für 2 Portionen
15 Min.

500 g Zucchini • 1 Schalotte • 1 Knoblauchzehe • 4 EL Butterschmalz • Salz • Pfeffer • 1 Handvoll Basilikum

- Zucchini waschen, putzen und mit Schale mit einem Spiralschneider oder einem Julienne-Schäler in dünne Spiralen schneiden. Alternativ funktioniert das auch mit einem normalen Sparschäler, das ergibt dann »Bandnudeln«.

- Schalotte und Knoblauch schälen, Schalotte würfeln und Knoblauch fein hacken. In einer Pfanne Butterschmalz erhitzen, Zwiebel und Knoblauch darin glasig anbraten. »Nudeln« zufügen und auf großer Hitze für wenige Minuten darin schwenken. Mit Salz und Pfeffer abschmecken. Basilikum waschen, trocken tupfen, Blättchen fein hacken, über die »Nudeln« streuen.

Nährwerte pro Portion:
290 kcal • 27 g F • 6 g KH • 4 g EW • SR 2,7

Tipp: Variieren Sie die Gemüsesorten und probieren Sie verschiedene Kräuter und Gewürze. Zu Kohlrabi passt Muskat, zu Möhren Ingwer und Koriander, zu Rettich Thymian.

Cremiger Käse-Genuss

» Mit dieser Sauce haben Sie ein echtes Basic, mit dem sich sämtliche Gemüsesorten in ein kulinarisches Highlight verwandeln lassen. Sie passt zu Blumenkohl, Brokkoli, Kohlrabi, Mairübchen, Möhren, Spargel, Spitzkohl – suchen Sie sich etwas aus!

gelingt leicht
Für 4 Portionen
⏲ 10 Min.

50 g Sahne • 50 ml Gemüsebrühe • 125 g Crème double • ½ TL Guarkernmehl • 100 g würziger Hartkäse wie Gruyère oder Bergkäse • 1 Handvoll Petersilie • 1 TL Dillspitzen • Estragon • Salz • Pfeffer

- Sahne mit Gemüsebrühe, Crème double und Guarkernmehl in einen Topf geben und verrühren. Dabei darauf achten, dass keine Klümpchen entstehen. Aufkochen lassen und anschließend die Hitze reduzieren.

- Käse reiben. Petersilie waschen, trocken tupfen und hacken. Käse und Kräuter zur Sauce geben und den Käse unter Rühren in der warmen Sauce schmelzen lassen. Mit Salz und Pfeffer würzen. Achtung: nicht mehr aufkochen lassen, sonst klumpt der Käse. Zum gegarten Gemüse geben und genießen!

Nährwerte pro Portion:
270 kcal • 25 g F • 1 g KH • 8 g EW • SR 2,78

Vinaigrette

» Jeder Salat bekommt erst seine eigene Würze, seine eigene Note durch die Salatsauce. Welche Sauce Sie wählen, ist natürlich eine Frage des persönlichen Geschmacks. Fast immer passt eine Vinaigrette, die Sie, je nach Salat, unterschiedlich würzen können. Das Grundrezept ist immer gleich, dazu gibt es zahlreiche Abwandlungen.

gelingt leicht
Für 4 Portionen
⏲ 5 Min.

1 TL Senf • 2 EL Weißweinessig • Salz • Pfeffer • 6 EL Olivenöl • 4 EL Wasser

- Senf mit Essig, Salz und Pfeffer gut verrühren. Öl und Wasser zugießen und cremig rühren oder in einem Shaker verquirlen.

Variante: basierend auf dem Grundrezept:
Zwiebel-Vinaigrette: 1 Schalotte schälen, fein hacken und mit 1 TL Paprikapulver untermischen.
Knoblauch-Vinaigrette: 1 Knoblauchzehe schälen, pressen und untermischen.

Nährwerte pro Portion:
130 kcal • 14 g F • 0 g KH • 0 g EW • SR 14

Tipp: gleich einen Vorrat anlegen und in einer Glasflasche im Kühlschrank aufbewahren, so ist ein Salat im Handumdrehen zubereitet.

Remoulade

» Auf Basis der selbst gemachten Mayonnaise lässt sich im Handumdrehen eine leckere Remoulade herstellen – ganz ohne unerwünschte Zusatzstoffe! Achtung: Suchtgefahr ...

gelingt leicht
Für 140 g/7 EL
10 Min.

½ Schalotte • 1 TL Petersilie, gerebelt • 1 kleine Gewürzgurke • 5 Kapern • ½ TL Estragon • 1 Msp. Dill • 4 EL Mayonnaise (Seite 127) • 1 EL Crème fraîche

- Schalotte schälen, halbieren. Schalotte, Petersilie, Gurke und Kapern sehr fein hacken, oder mit dem Pürierstab zerkleinern, und zusammen mit den übrigen Kräutern unter die Mayonnaise heben. Mit Crème fraîche verrühren.

- In ein verschließbares Glas füllen und kühl stellen. Hält im Kühlschrank etwa 2 Tage.

Nährwerte pro Portion:
105 kcal • 11 g F • 0 • 5 g KH • 0 • 5 g EW • SR 11

Butterschmalz oder Ghee

» In meinen Rezepten verwende ich häufig Butterschmalz. Und das aus gutem Grund: Butter hat einen unvergleichlich milden Geschmack, der sich vielen anderen Lebensmitteln wunderbar anpasst und sie ergänzt. Nur leider eignet sich Butter in reiner Form nicht zum Anbraten, weil die enthaltenen Eiweiße dazu neigen, schnell zu verbrennen. Geklärte Butter/Butterschmalz dagegen ist hoch erhitzbar und eignet sich perfekt zum Braten.

gut vorzubereiten
Für 1 großes Glas
10 Min. + 2,5 Std. Koch- und Filterzeit

500 g gute Weidebutter

- Butter in Stücke schneiden und in einen Topf geben. Langsam erhitzen und zum Schmelzen bringen, dabei darf die Butter nicht kochen! Es entsteht Schaum, der mit der Schaumkelle abgeschöpft werden muss.

- Nach etwa 15 Minuten beginnt das Eiweiß zu sinken. Bei geringer Hitze etwa 30 Minuten ruhen lassen, die Butter soll aber noch flüssig bleiben.

- Butterschmalz durch einen Kaffeefilter oder ein mit einem Küchentuch ausgelegtes Sieb in ein Schraubglas filtern und verschließen. Das Filtern dauert etwas, belohnt wird man mit goldenem Butterschmalz. Gekühlt hält sich Butterschmalz einige Monate.

Knochenbrühe

» Zugegeben, der Name klingt nicht gerade appetitlich und anfangs kostete es mich etwas Überwindung, diese Brühe zuzubereiten. Es lohnt sich aber unbedingt, denn Knochenbrühe enthält viele wertvolle Mineralstoffe und Spurenelemente. Während der langen Kochzeit lösen sich viele gute Inhaltsstoffe aus den Knochen, die besonders dem Darm guttun. Sie ist für mich als Basis-Rezept ein absolutes Muss, kann jedoch in meinen Rezepten auch gegen Gemüsebrühe ausgetauscht werden.

preisgünstig
Ergibt etwa 3 Liter
15 Min. + 6–8 Std. Kochzeit

- 1 kg Markknochen von Rind, Schwein oder Wild
- 1 EL Weißweinessig
- 1 Stange Lauch
- 1 Möhre
- 2 Bio-Zwiebeln
- 1 TL Salz

● Knochen in einen großen Topf geben, mit etwa 4 l Wasser bedecken. Essig zufügen, zum Kochen bringen und entstehenden Schaum immer wieder mit einer Schaumkelle abschöpfen. Anschließend auf mittlerer Hitze etwa 6 Std. zugedeckt sanft köcheln lassen.

● 1 Std. vor Ende der Garzeit Lauch und Möhre waschen, putzen und in grobe Stücke schneiden. Zwiebeln mit Schale vierteln und das Gemüse zur Brühe geben. Vorsichtig nacheinander die Knochen aus der Brühe nehmen, das Mark herauskratzen und beides zurück zur Brühe geben. Eine weitere Stunde köcheln lassen.

● Mit der Schöpfkelle die festen Bestandteile aus der Brühe heben. Ein Sieb mit einer sauberen, ohne Duftstoffe gewaschenen Mullwindel (Babybedarf) oder einem Küchenleinen auslegen und über eine Schüssel hängen. Brühe darin abseihen und zurück in den Topf gießen. Salzen und aufkochen lassen.

● Bügelgläser inkl. der Gummiringe in kochendem Wasser sterilisieren und die Brühe abfüllen. Fest verschließen, die Gläser dafür auf den Kopf stellen, abkühlen lassen. Die Brühe kann eingefroren oder mehrere Wochen im Kühlschrank aufbewahrt werden.

Tipp: Bis zu 24 Stunden kann die Knochenbrühe köcheln, dafür eignet sich auch ein Slow Cooker. Je länger die Brühe köchelt, umso mehr Geschmack entwickelt sie.

Service

Literaturhinweis

Mehr Informationen zu den theoretischen Hintergründen von LCHF finden Sie in folgenden Büchern, auf die ich mich auch als Quelle beziehe:

Bruce Fife: **Das Keto-Prinzip**, VAK, 2014

Dr. Andreas Eenfeldt: **Echt Fett**, Ennsthaler, 2016

Ulrike Gonder, Nicolai Worm: **Mehr Fett, systemed**, 2010

Prof. Dr. John Yudkin, Dr. Robert Lustig: **Pur, weiß, tödlich**, systemed, 2016

Liebe Leserin, lieber Leser,

hat Ihnen dieses Buch weitergeholfen? Für Anregungen, Kritik, aber auch für Lob sind wir offen. So können wir in Zukunft noch besser auf Ihre Wünsche eingehen. Schreiben Sie uns, denn Ihre Meinung zählt!

Ihr TRIAS Verlag

E-Mail Leserservice
kundenservice@trias-verlag.de

Lektorat TRIAS Verlag
Postfach 30 05 04
70445 Stuttgart
Fax: 0711 89 31-748

Dank der Autorin

Dieses Buch-Projekt zu beginnen war keine Kunst, aber dass ich es auch zum Abschluss bringen konnte, habe ich einer Reihe von lieben Menschen zu verdanken!

Da wären als Erstes meine Testköchinnen – einen ganz herzlichen Dank für euer tolles Feedback zu meinen Rezepten! Was wäre ich ohne eure Kommentare gewesen? »Anne, da fehlt Salz« oder »Bist du sicher, dass da 1 kg Möhren reinsollen?« und »Wir sind sehr satt geworden« waren die Kommentare, die richtig hilfreich waren. Und mehr als einmal hat mich der Satz »Anne, das war oberlecker!« motiviert weiterzumachen!

Ein besonderer Dank gebührt Annika Rask, Anne Ricke und Thomas Rütten für die vielen wertvollen Kommentare und Hinweise zum theoretischen Teil dieses Buches. Ihr habt mir die nötige Sicherheit gegeben und mir geholfen, mein Wissen und meine Gedanken zu Papier zu bringen – DANKE!

Ohne die Unterstützung meines Mannes wäre dieses Buch nicht machbar gewesen. Er hat mich immer wieder ermutigt weiterzumachen, hat mir den Rücken freigehalten und oft genug den Abwasch übernommen, wenn ich die Küche im Chaos hinterlassen habe, um schnell wieder an den Schreibtisch zu kommen … Danke von Herzen!

Stichwortverzeichnis

Rezeptverzeichnis

S

T

U

V

W

Z

Bibliografische Information der Deutschen Nationalbibliothek
Die Deutsche Nationalbibliothek verzeichnet diese Publikation in der Deutschen Nationalbibliografie; detaillierte bibliografische Daten sind im Internet über http://dnb.d-nb.de abrufbar.

Programmplanung: Uta Spieldiener
Redaktion: Regina Rautenberg, Nützen
Bildredaktion: Christoph Frick, Nadja Giesbrecht
Umschlaggestaltung und Innen-Layout: Cyclus, Visuelle Kommunikation, Stuttgart

Bildnachweis
Umschlagfoto: Meike Bergmann, Berlin
Fotos im Innenteil: Westermann + Buroh Studios, Hamburg; S. 10/11: privat; S. 51: Stockfood
Autorenfoto: Frauke Rühl, Köln

1. Auflage 2018

Printed in Germany

Satz und Repro: Reemers Publishing Services GmbH, Krefeld
gesetzt in Adobe Indesign CC 2017
Druck: Westermann Druck Zwickau GmbH, Zwickau

Gedruckt auf chlorfrei gebleichtem Papier

ISBN 978-3-432-10545-1
Auch erhältlich als E-Book:
eISBN (ePub) 978-3-432-10547-5

2 3 4 5 6